河池影像志

熊建军 等 编著

南京大学出版社

图书在版编目（CIP）数据

河池影像志 / 熊建军等编著 . -- 南京 : 南京大学出版社 , 2024. 12. -- ISBN 978-7-305-28728-2

Ⅰ . K296.73-64

中国国家版本馆 CIP 数据核字第 20259ZZ501 号

出版发行　南京大学出版社
社　　址　南京市汉口路 22 号　　　邮　编　210093

HECHI YINGXIANGZHI
书　　名　河池影像志
编　　著　熊建军等
责任编辑　赵　庆　　　　　　　编辑电话　025-83621411

照　　排　南京新华丰制版有限公司
印　　刷　南京凯德印刷有限公司
开　　本　787mm × 1092mm　1/16　印张 15　字数 220 千
版　　次　2024 年 12 月第 1 版　2024 年 12 月第 1 次印刷
ISBN　978-7-305-28728-2
定　　价　118.00 元

网址：http://www.njupco.com
官方微博：http://weibo.com/njupco
官方微信号：njupress
销售咨询热线：（025）83594756

本书得到河池学院新闻传播学硕士学位点建设项目和部校共建新闻专业项目的资助。感谢河池市委宣传部、宜州区委宣传部、金城江区委宣传部、罗城仫佬族自治县委员会宣传部、环江毛南族自治县委员会宣传部、南丹县委员会宣传部、天峨县委员会宣传部、东兰县委员会宣传部、巴马瑶族自治县委员会宣传部、凤山县委员会宣传部、都安瑶族自治县委员会宣传部、大化瑶族自治县委员会宣传部等单位的支持。

《河池影像志》编委会成员

序

影像作为记录社会的传统媒介，是生活记录、文化传播、情感交流的重要载体。对河池而言，《河池影像志》的编写出版具有重要意义，它打开了一扇窗，让更多人得以窥见河池这片土地独特的自然人文风貌与深沉厚重的文化底蕴，得以了解河池人民在这片土地上的辛勤劳作、辛勤耕耘与不懈奋斗。

河池学院文学与传媒学院的师生们带着对家乡河池的深情厚谊，全力投入到这部影像志的创作中。大家凭借专业的执著敏锐，走村串巷、翻山越岭、跨河渡江，穿梭于河池的片片土地，用镜头捕捉每一个动人瞬间，用文字讲述河池感人故事。从古老的民俗风情到现代城市变迁，从静谧祥和的田园风光到蒸蒸日上的工厂企业，光影达志，文字传情，成就了记录河池的一份珍贵的视觉与文字档案，展现了河池学院文学与传媒学院师生的风采。

呈现在读者面前的《河池影像志》，是多方心血的结晶。南京大学奔赴河池学院工作的银龄老师韩丛耀教授及其邀请的江苏多位艺术家和南京大学出版社的支持，为这部作品增添了专业的光芒与品质的保障。

河池学院根在河池。我们为文学与传媒学院师生创作出版《河池影像志》而倍感欣慰自豪，因为《河池影像志》不仅是对河池地区各民族文化的一次挖掘与呈现，也是学院师生学以致用、教学检验和自我展示的生动实践。学院通过组织当代大学生深入乡村大地，让他们亲身体验多姿多彩的各民族民间民俗风情，感受民族文化的独特魅力，增强文化自信，铸牢中华民族共同体意识；组织他们走访民众、观察变迁，让他们直观感受山村显著变化、产业繁荣发展、百姓安居乐业，充分感悟国家的富强民主，厚植爱国情怀；通过引导他们倾听百姓心声，了解社会百态，让他们感知河池、热爱河池，激发他们服务河池、奉献河池的信心和决心。这是学院坚持将立德树人贯穿于人才培养全过程的具体体现，是学院地方应用型人才培养的教育教学成果，为河池学院的学科建设、专业建设增添了浓墨重彩的一笔。

希望读者能在这些影像中，领略河池山水之美、人文之美，感受河池的魅力与活力，让河池的故事随着这些影像与文字传播得更远、更广。

河池学院　党委书记　韦安光

校　　长　马少健

目 录

四、多彩环江——世界自然遗产地，神秘毛南文化园

五、风情南丹——千年白裤瑶

六、碧玉天峨——遗落人间的瑶池

七、红色东兰——农民运动的发祥地

八、长寿巴马——谧静祥和的康养圣地

九、声鸣凤山——大地上的壮歌

十、秘境都安——梦幻般的山水

十一、天弄大化——山水之间的泼墨

一、歌海宜州

——刘三姐的故乡

宜州，地处桂中盆地与桂北山地交接地带，是一座拥有2100多年历史的古城。

这座西南边城是“中国优秀旅游城市”，自古有“宜山宜水更宜人”美誉。

宜州之美，美在山水秀丽，县境内群山丛翠，长河纵横，百里青绿皆怡人。

宜州之美，美在民族风情，宜州人爱歌唱，刘三姐歌谣已传唱千年，广西彩调自兹地发源，中国民间文化艺术之乡，不负盛名。

宜州之美，美在物产富庶，蚕桑产业全国驰名，业界素有“中国蚕业看广西，广西蚕业看宜州”的说法。

宜州晨曦　赵秦 摄

一、刘三姐

刘三姐故居

刘三姐形象脱胎于民间传说，是壮族歌仙的化身。《庆远府志》有叙:

刘三妹，相传唐时下涧村壮女，性爱唱歌，其兄恶之，与登近河悬岩砍柴，三妹（注：妹，音［dA］，壮语“姑娘”的意思，对女孩的爱称，刘三妹即刘三姐）身在岩外手攀一藤，其兄将藤砍断，三妹落水，流至梧州，州民捞起，立庙祀之，号为龙母，甚灵验。今其落水岩高数百尺上，有木扁担斜插岩外，木匣悬于崖旁，人不能到，亦数百年不朽。

由此，庆远府所在地宜州被称为刘三姐的故乡。

下枧河畔的流河寨，相传是刘三姐出生的村落，与许多壮族村寨一样依山傍水而建。其壮寨门以古老的姿势迎接着游客的到来，“刘三姐家”的牌匾挂在门上。（如图 1-2）

图 1-1 俯瞰宜州城北全景 刘文迪 摄 图 1-2 流河寨中的刘三姐家 陈树民 摄

因电视剧《刘三姐》的拍摄，流河寨重建了刘三姐、阿牛哥、王媒婆等的房屋，以及莫老爷的府邸，壮寨门、壮族图腾、农家劳作工具和茶楼等仿古建筑，村中的老屋、石板路、竹篱笆等随处可见。（如图 1-3）

图 1-3 流河寨中刘三姐家的全景 麻广苗 摄

图 1-4 流河寨景区表演者 陈树民 摄

对歌台上壮族风情表演每天都在上演，成为游客了解壮族文化的一扇窗户。电影《刘三姐》使刘三姐歌谣在全国乃至全世界广泛传唱。（如图 1-4）

走上铁索桥，桥上挂满了红色的飘带，代表着人们的祈愿。一阵风来，飘带摇曳，发出沙沙的声响，承接着关于爱与信仰的篇章。（如图 1-5）

图 1-5 流河寨外的铁索桥 麻广苗 摄

下枧河

相传刘三姐生活在下枧村，下枧河沿村流淌。（如图 1-6）

从祥贝沿河而下，一条蜿蜒流淌的碧绿绸带环绕于群山之中，它就是下枧河，又名临江河，为珠江水系柳江支流龙江支流，发源于环江县东兴乡平安村一带，在宜州区祥贝乡拉托村入境，流经祥贝乡、流河乡，汇入龙江，全长 151 公里。（如图 1-7）

图 1-6　下枧河　陈树民 摄

图 1-7　航拍祥贝风光　麻广苗 摄

祥贝世外桃源景区呈现出陶渊明笔下悦然的样子。乘船而入，在蜿蜒的河道上看两岸翠竹成林，古朴的壮寨大风车缓缓转动。一个太极图被自然之力绘于大地之上，两端是“阡陌交通，鸡犬相闻”的隐世之景。

顺流而下，来到龙洲岛。它像一只陆龟趴伏在清澈的河水中，岛上自然生态保持完好，壮家土菜馆、教育游乐园、特色民宿等独具风情。（如图 1-8）

歌仙桥横于下枧河上，这是一座会唱歌的桥。据说刘三姐曾在此处对歌传情。传歌台、定情树、手巾岩、望妹石等景观，充满了传奇色彩。山歌文化流淌至今，人们依旧保留着对歌的传统习俗，每逢“三月三”，此处就成了歌圩，人们聚集在河畔，以歌传情，以歌会友。此处有山歌，沿河世代传，已唱千万遍。（如图 1-9）

图 1-8 龙洲岛 麻广苗 摄

图 1-9 下枧河上的歌仙桥 麻广苗 摄

刘三姐歌谣

三姐生来是歌仙　留下山歌万万千

如今广西成歌海　都是三姐亲口传

宜州，是刘三姐歌谣传承的核心区域，素有“歌海”之称。2006 年，“刘三姐歌谣”入选第一批国家级非物质文化遗产名录。

“唱山歌，这边唱来那边和；山歌好比春江水，不怕滩险湾又多。”在宜州中山公园内，大树下、花圃边，人们随地而坐，中老年人聚集于此对唱山歌，歌声犹如从千年前流淌而来。（如图 1-10）

图 1-10　广西歌王在中山公园对歌①

“只要有人肯学，我都愿意免费教。”这是刘三姐歌谣国家级的传承人谢庆良常挂在嘴边的话。

谢庆良年过七旬，乡亲们都亲切地称呼他“谢歌王”。（如图 1-11）他面容和蔼，既有作为农民的憨厚朴实，也有作为山歌传承人的智慧与坚守。这些年，谢庆良走村串寨，搜集了数以千计的歌谣，并将其编印成册。他对一些传统歌腔进行改良、创新，使其更易于传唱；党的十五大以后，他还开始编写新时代时政山歌，把党的方针政策通过山歌形式来传唱，唱到村村寨寨。

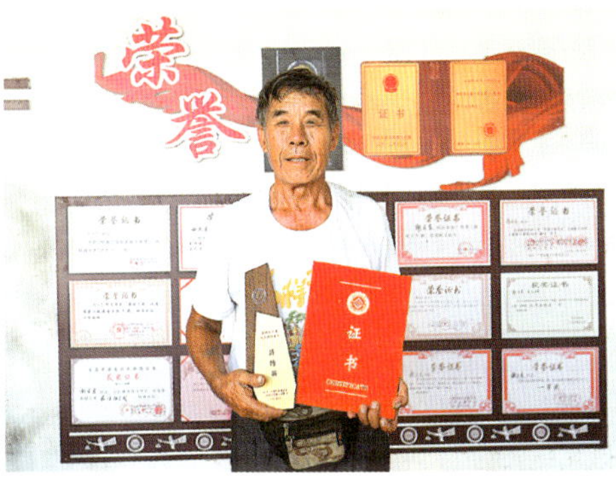

图 1-11　刘三姐歌谣国家级传承人谢庆良
陈树民 摄

① 该图片拍摄于“2021 年河池市宜州区‘文化与自然遗产日’非遗宣传展示活动”后，从左到右分别为韦知宝、谢庆良、黄月霜、黄月香，四人均为广西歌王，照片由韦知宝提供。

除“谢歌王”外，宜州还有多位广西歌王，其中包括两位 90 后歌王，他们用智慧和歌声赢得各种山歌比赛，留下了关于“宜州山歌多”“宜州山歌强”的美名。（如图 1-12）

图 1-12 宜州区的广西歌王们[①]

在广西民间，歌谣的传承主要通过口耳相传的方式进行。如今，“非遗进校园”也让更多孩子有了接触和了解刘三姐歌谣文化的机会。（如图 1-13）

2021 年，习近平总书记给老艺术家黄婉秋回信：“深入生活，扎根人民，把各民族共同创造的中华文化传承好、发展好，是新时代文艺工作者的光荣使命。”

嘹亮的山歌不绝于耳，这里的人们以山歌为媒，增进各民族之间的交流与了解，增强文化认同，铸牢中华民族共同体意识，唱响新时代人民的声音。

图 1-13 非遗进校园[②]

① 该照片上从左到右分别为韦仕伦、莫坤正、黄月霜、黄月香、蒙启业、何现光，六人均获“广西歌王”称号，照片由莫坤正提供。

② 该照片是刘三姐歌谣自治区级传承人黄月霜到宜州区职业教育中心教唱山歌，照片由广西歌王莫坤正拍摄。

图 1-14　龙江河北岸上的河池学院　麻广苗 摄

二、文脉赓续

河池学院

依傍龙江而建，镶嵌于桂西北连绵的群山之中，环境幽雅，仿佛河池这片土地上的一颗明珠，这就是桂西北地区唯一一所普通本科院校——河池学院。学校创办于 1951 年，至今已有 70 多年的办学历史，设有 50 多个本科专业，文学、理学、工学、教育学、艺术学等多学科竞相绽放。（如图 1-14）

图 1-15　会仙文学苑　麻广苗 摄

河池学院被誉为“作家的摇篮”，先后培养出以东西、凡一平、田湘、何述强等为代表的一大批优秀作家以及一大批文学新秀，校友东西的《回响》获得第十一届茅盾文学奖，凡一平的《上岭恋人》荣获第十三届中国少数民族文学骏马奖。河池学院始终保持良好的文学传统，有多个文学社团，形成了浓郁的文学氛围。冠英阁屹立于龙江北岸，校内东西凡一平文学馆、会仙书院、文学大讲堂等文学景观，感染着每一届热爱文学创作的学子。（如图 1-15、图 1-16、图 1-17、图 1-18）

图 1-16　东西、凡一平文学馆　麻广苗 摄

图 1-17　冠英阁　麻广苗 摄

图 1-18　冠英阁夜景　麻广苗 摄

图 1-19 划过梦想 梁耀 摄

这里也是“冠军的摇篮”。2009 年和 2010 年，学校先后组建了“独竹漂队”和“龙狮训练队”，将这两项民间传统体育项目纳入体育训练体系。十余年间，河池学院“独竹漂队”在各级各类比赛中成绩优异，共获 60 余枚金牌。（如图 1-19）

这里还是“教师的摇篮”，为桂西北基础教育事业培养出大批“下得去、留得住、用得上、干得好”的人才。

喜看玉兰灼灼，静听木叶轻声。秉持“修德，弘毅，勤业，致远”的校训，河池学院走出了一批又一批用实践的脚步丈量祖国大地的青年。

“求是精神”

“校训为求是，实事求是，自易了然，然而言易行难，一旦利害冲突，甚难实行‘求是’精神……”这是时任浙江大学校长竺可桢先生对“求是精神”的阐释。将“求是”作为浙江大学校训，正是竺可桢校长于 1938 年 11 月 19 日在宜山主持召开的第十九次校务会议上提出的。

抗日战争初期，国立浙江大学经过 40 多天艰难跋涉，于 1938 年 10 月底从江西泰和到达广西宜山，至 1940 年 1 月全部迁往贵州湄潭。在宜山的一年零四个月，为这座桂西北小县城留下了重要的文化记忆。

为何在“宜山”？国民政府教育部指示“遇必要时可迁贵州安顺”，但竺可桢校长经过实地考察后认为学校一千多人，几千箱图书仪器，运输艰难，经迁校委员会再三讨论后决定先迁往宜山，之后看战事变化再行决定。于是，“宜山”成为这支文军西征途中的重要节点。

如今在宜州仍保留着多处对这段时光的纪念。

图 1-20　浙江大学西迁广场竺可桢先生雕像　覃奇隆 摄

浙江大学西迁广场，当时的宜山县文庙，曾为浙大在宜的办公室、女生和一年级学生宿舍及部分教室，于 2007 年建成纪念广场。广场正中央树立着竺可桢先生的塑像，塑像两旁分别立着两棵大树。（如图 1-20）环绕着塑像与两颗大树的是三面倾斜的石壁，石壁上从右到左雕刻着浙大校歌、浙大校训、竺可桢校长所写的《国立浙江大学宜山学舍记》以及浙大西迁路线图。文化长廊上，偶有几个小孩停驻，仿佛沉浸于西迁文化的氛围之中。（如图 1-21、图 1-22）

图 1-21　浙江大学西迁广场文化长廊转角　陈永康 摄

沿广场一路向东至“标营”，立着“军事管理区”的牌子，这里曾经是浙江大学在宜的校本部、教室及一、三、四年级宿舍。“标”是清代绿营军队编制的名称，清代宜山县城东门外曾驻扎一个标的军队，“标营”遂成此处地名。当时的标营一带面积近百亩，浙大在此

建宿舍、教室、图书馆和大礼堂。（如图1-23、图1-24）

而今，这里的铁门虽锈迹斑斑，但树木郁郁葱葱。阳光透过树叶间的缝隙，小径斑驳，仿佛倾听着远处“浙江大学本部旧址”纪念碑静静述说着过往。（如图1-25、图1-26）

“求是精神”在一年零四个月里萌芽、成长与收获，一代一代的宜州人正是秉承了“求是精神”，见证和践行着龙江河畔的创新和发展。

图1-22　浙江大学西迁广场文化长廊　覃奇隆 摄

图1-23　浙江大学标营操场历史照片①

图1-24　浙江大学标营教室历史照片②

图1-25　浙江大学本部旧址所在地“标营”　陈永康 摄

图1-26　浙江大学本部旧址碑　刘文迪 摄

① 照片来自“浙江大学西迁宜州纪念馆”
② 照片来自“浙江大学西迁宜州纪念馆”

龙江河

为何名“龙江”？有称因河流所经的宜州区，唐代称龙水，唐宋时期为龙水郡治，故名龙江；也有称因河流两岸“两山壁立，乱石参差，水穿穴而出，弯环如龙，始名龙江”。

宜州处于龙江河中游，龙江流经德胜、怀远、庆远、洛东、三岔等乡镇，境内长 108 公里。河水蜿蜒横穿城区，将宜州劈成两半，阻隔南北两岸的往来。河上先后建有龙江桥、状元桥和求是桥。（如图 1-27）

老一辈宜山人习惯称龙江河为“北门河”。

登船齐渡北门河，半是民歌半壮歌；

偏是鹧鸪情更切，遥从隔岸唤哥哥。

这是清代道光年间贡生蓝景章所作《龙江棹歌四首》之一，诗中的“北门河”正是指流经庆远镇城区的龙江河段。

古时，这里十分依赖水路航运。据《宜州市志》载，清末民初，北门河渡口码头有上渡（亦称滑石渡）、中渡（亦称浪埠渡），下渡（亦称彭埠渡）等。（如图 1-28）

图 1-27 航拍宜州城景 刘文迪 摄

图 1-28 九十年代宜州全景

据考证，庆远府旧城城北门正对着龙江河以及横渡龙江的中渡，于是老百姓直接称此河段为北门河。庆远府旧城的四个城门，如今只剩下东门四牌楼仍矗立于居民区中。（如图 1-29）

北宋黄庭坚谪居宜州，明代旅行家徐霞客游览到庆远时，都曾从浪埠渡乘渡船过龙江河。1960 年代让刘三姐家喻户晓的电影《刘三姐》的作曲家雷振邦、剧作家乔羽、音乐家贺渌丁曾到宜州采风，也都在中渡浪埠渡留下足迹。

图 1-29　庆远镇东门四牌楼　陈永康 摄

随着下游洛东水电站的修建，横跨南北两岸的三座桥陆续通车，渡口、码头终是没落荒废。但是，随着旅游业的兴起，旅游码头渐盛。在启用冯京公园的龙江旅游码头前，旅游船一直停靠在龙江一桥东侧的 1 号码头上，这一游船路线从龙江河进入支流下枧河，终于流河寨。（如图 1-30、1-31）

图 1-30　航拍位于上渡的南蛇山　刘文迪 摄

图 1-31　龙江河上龙江桥　刘文迪 摄

三、日新月异

中国村民委员会发源地

村规民约就是好，村上无赌又无盗。

公共事业有人管，各种纠纷变得少。

白天生产搞四化，晚上得睡安然觉。

合寨村的故事至今仍在果作屯那棵生长了 600 年的大樟树下被吟唱，刻有“中国村民委员会发源地”的石碑屹立于大樟树下，石碑后五座栩栩如生的铜像带着人们回忆起 40 多年前的那天。（如图 1-32）

1980 年 1 月 25 日，村民们用无记名投票的方式经过差额选举，从 6 名生产队代表中选出 5 位村民委员，合寨村村民委员会正式成立。从此，合寨村开始了基层群众自治的崭新篇章。

回看上世纪 80 年代初，合寨村面临着诸多治理难题。

家庭联产承包责任制的改革在合寨村的展开，使村民农业生产的积极性迅速提高。但也出现了“六多一少”的现象，赌博闹事多、偷牛盗马多、乱砍滥伐树木多、唱流氓山歌多、放浪牛浪马多、管事的人少。韦焕能召集党员、老生产队干部和群众，共同商讨解决方案，经过深思熟虑，他们决定成立村民委员会，实行村民自治。

选举大会当天，800 多人的果地屯来了 500 多人，不少村民扶老携幼全家出动，不识字的人也找信得过的代写。选票是卷烟纸，木炭用作计票的笔，直接在地上画“正”字。以往上级指

图 1-32 “中国村民委员会发源地”碑
刘文迪 摄

图 1-33 合寨村第一任村委主任——韦焕能
陈永康 摄

派的生产队干部，被民主选举的村委会委员取代。蒙光新当选果地屯村民委员会主任。28 天后，果作屯召开村民大会，投票直选成立村民委员会，韦焕能当选村委会主任。选举当天，果作屯制定了村规民约，村民签名、盖章、按手印。这一年，合寨大队 12 个村屯各个成立了村民委员会。

2018 年党中央、国务院授予合寨村第一任村委主任——韦焕能“改革先锋称号”，颁授改革先锋奖章。（如图 1-33）被村民一票一票选举出来的那一天，韦焕能的心里就执着地想，要改变村子的现状，要脱掉贫困的帽子，要努力致富。这些过往在合寨村的村民自治展示馆中被保存了下来。

四十多年来，合寨村在实践中始终坚持“群众说了算”原则。通过实行村民自治，合寨村实现了“小事不出村、矛盾不上交、平安不出事，服务不缺位”，先后获得全国村务公开、民主管理示范村、全国法制宣传示范村等荣誉称号。

如今的合寨村，道路更加通畅，基础设施更加完善，村屋上一幅幅生动的壁画展示着美丽乡村的画面。成绩是通过村民集资和村委的果断决策而来，这也正是基层群众自治的意义所在。（如图 1-34）

图 1-34 合寨村委员会所在地 陈永康 摄

怀远古镇

在庆远城区河段的上游，龙江河与小环江（中州河）的交汇处坐落着一个有着1300多年历史的文化小镇——怀远古镇，它也是广西四大古镇之一。

《宜山县志》记载："怀远当龙江、小河交会，为粤、黔商贾都会，博徒游惰视之为渊丛……盖地据形胜，百货所聚也。"（如图1-35）

图1-35 航拍怀远镇全景 刘文迪 摄

历史上的怀远作为桂西北水路航运的重要枢纽，是商埠和货物集散地。这里经济发达，商贾云集，聚居着壮、汉、仫佬等民族，有商人、伙计以及水上渔民。不同地域、文化在这里相互交融，从而形成了独特的文化和习俗。

图1-36 怀远骑楼历史照片[①]

怀远街道于2016年改造完成，干净整洁，已没有了从前斑驳陆离的痕迹。改造前老街上的民宅多是明清建筑，式样是典型的骑楼——一种商住一体建筑，其特点是底层沿街面后

① 照片来自政协河池市宜州区委员会编著的《宜州文史两千年（第一卷）》

图 1-37　改造完成后的怀远街景　刘文迪 摄

退，留出公共人行的空间，本地人直接称之为“廊檐”。这类建筑在河池其他地方是少见的。（如图 1-36）屋内则多为纵深多进式结构，一般还会有天井，楼梯、上层均使用木板搭建。改造后，外部保留了原来骑楼的样式，内部则更贴近现代住宅的设计。一些被精心保留下来的门楣上雕刻的吉祥图案、楼台上的窗花、壁画等，仍向后人展示着这里曾经的古朴。（如图 1-37）

图 1-38　红七军军部指挥所旧址　陈永康 摄

除了是商贾胜地，这里还留下了红色的足迹。镇政府西侧约 90 米处的“粤东会馆”建于清末同治年间，是广东籍商人吕凤义发动潮州籍商人捐资修建，保存至今。这里也是红七军两次进驻休整的地方，也是红七军军部指挥所旧址。（如图 1-38）

正是这些被保留下来的历史遗迹、传统习俗、红色文化记忆吸引着更多游客的造访，也让这座小镇被更多人看见。

图 1-39 俯瞰怀远镇全景 刘文迪 摄

“中国丝绸新都”

说到蚕桑文化，总会让人轻易地联想到东部地区的杭州、苏州、湖州、吴江等地。然而，在“东桑西移”“东绸西移”工程的推动下，“宜州”在桑蚕产业中亮出了自己的名字。自 2005 年以来，宜州桑蚕生产规模连续 19 年保持全国县域第一，被誉为“中国丝绸新都”，逐渐形成了“世界桑蚕看中国，中国桑蚕看广西，广西桑蚕看宜州”的发展格局。

图 1-40 蚕茧特写 麻广苗 摄

因为宜州地处亚热带季风气候区，气候温和湿润，四季分明，并且这里土壤肥沃，水源丰富，具有得天独厚的自然环境优势。据宜州史书记载，明代嘉靖年间农民就开始种桑养蚕了，只是不具规模。1965 年宜山开始了集中养蚕，20 世纪 90 年代以后，宜州的桑蚕产业才真正发展起来，并对农民生活和乡村面貌产生深远的影响。

如今，一片桑叶、一根蚕丝都已融入宜州人的生活，从个人种桑养蚕，到规模化的茧丝加工，形成了农户、茧站、基地、企业的合作集群，共同讲述着属于宜州的桑蚕故事。

图 1-41 丝路璀璨 陈永康 摄

（文字撰写：赖琦 麻广苗）

图 1-42 破茧 吴彩铯 摄[①]

图 1-43 检丝中 麻广苗 摄

① 该作品获 2024 年河池学院文学与传媒学院桑蚕文化节摄影比赛一等奖

二、金城江畔

——红色沃土上的画卷

金城江区，位于河池市中部，总面积2340平方千米，常住人口为36.82万人，下辖1个街道、7个镇、4个乡。

金城江区风景秀丽，奇美溶洞、青翠竹林点缀其间，是邓小平、张云逸、韦拔群等老一辈革命家生活、战斗过的红土地。中国工农红军第七军、第八军曾驻扎此地，留下了内涵深厚的红军标语楼。金城江公园有韦拔群雕像，革命纪念馆、铜鼓广场，历史文化丰富，沿着红色的脉络，可见如今乡村振兴，产业蓬勃发展，人民安居乐业。

图 2-1　金城江航拍全景　曾黎　摄

一、红色记忆

金城江是红七军、红八军战斗过的土地，红色基因深深地渗透进这片秀美的山河之中。

1930 年春，为粉碎敌人的全面进攻，红七军化整为零开展游击战并向桂黔边界发展。3 月中旬，军长张云逸、总指挥李明瑞率军部和主力部队第一、二纵队从东兰、凤山出发，3 月 30 日到达河池。4 月 10 日离开河池经怀远、思恩县（今环江县）进入贵州荔波县，4 月 30 日攻占贵州军阀王家烈的老巢榕江县城。5 月初，从贵州返回河池与总政委邓小平汇合后班师右江。11 月 8 日，根据党中央的指示，中国工农红军第七、第八军在总政委邓小平、总指挥李明瑞的领导下，于金城江区河池镇进行整编和阅兵。随后北上江西，与“朱毛红军”汇合。

河池整编阅兵纪念馆

2011 年 11 月，中国工农红军第七第八军河池整编阅兵纪念馆设立于当年红军河池整编阅兵遗址处，为自治区爱国主义教育基地。纪念馆共设有 4 个基本陈列室，将现代布展元素与河池民风民俗相结合，展现了红军的光辉史绩与革命斗争精神。

图 2-2 中国工农红军第七第八军河池整编阅兵纪念馆 曾蓉 摄

图 2-3　中国工农红军第七第八军河池整编阅兵纪念馆雕像　曾蓉 摄

纪念馆前有一座石碑，书写着中国工农红军第七、第八军河池整编阅兵的历史。“七一五”反革命事件后，中国共产党为了挽救革命，先后举行南昌起义、秋收起义和广州起义，确定武装起义推翻国民党反动派统治的总方针，点燃“工农武装割据”的星星之火。这是红军第七、第八军河池整编阅兵的历史背景。碑面虽有时间磨损的痕迹，但文字内容依旧清晰，上方分别是邓小平、张云逸、李明瑞、韦拔群四位革命同志的雕像。他们姿态挺拔，面向阅兵广场眺望远方，广场两侧有革命战士们排队受阅的浮雕，边上种植两排樟木，枝叶苍翠。置身其中，犹如重现当年革命先辈们在党的领导下，伴随着嘹亮的军号声精神抖擞地接受检阅。

河池红军标语楼旧址

整编期间，红七军军部设在“河池红军标语楼”。“河池红军标语楼”（下称“标语楼”）原为私人住宅，始建于 1926 年，是一座三进二层木楼板，夯土墙内外抹石灰，硬山搁桁。小青瓦屋面建筑由前、中、后及天井组成，位于河池市金城江区河池镇街中心，距金城江城区 28 公里。因红七军部曾设在该楼并在墙上题写革命标语而得名。

图 2-4　河池红军标语楼匾额　文艳楠 摄

图 2-5 河池红军标语楼正门 文艳楠 摄

标语楼共两层高，外墙翻修过，重新刷了一层白漆。门口很小，基本可供一人通过，门被漆刷成了朱红色，一旁的木窗和二楼的木栏杆也是如此。门匾写着“中国工农红军第七军河池宿营地军部标语楼旧址”。整栋建筑，白底红木，即使外表被翻新过，仍有一丝挥散不去的历史古朴和陈旧感在其中，是独属于革命文化所沉淀出的厚重感。

红七军三次驻扎河池，曾开展大量革命活动，书写大量革命标语。“标语楼”现保存下来的红军标语 55 条、漫画 6 幅，书写面积达 90 平方米，是目前全国红军标语遗址中保存最多、最集中、最完整、内容最丰富的地方。

红军在“标语楼”曾多次召开重要军事会议，张云逸、邓小平、李明瑞等红军高级领导都曾在“标语楼”下榻办公。

仔细看这些标语和漫画，比较详尽地宣传共产党的性质、纲领、革命任务、革命对象、革命前途、红军性质和纪律，全面反映了第二次国内革命战争时期我党我军的革命路线、方针和政策。

图 2-6 河池红军标语楼一楼 文艳楠 摄

图 2-7 河池红军标语楼邓小平卧室 文艳楠 摄

图 2-8 墙壁上的标语原文 文艳楠 摄

图 2-9 “共产党万岁”标语 文艳楠 摄

标语抒发了红军战士崇高的革命理想和战斗豪情，充分体现了广大红军指战员们将革命进行到底的坚强意志和坚信，以及革命必胜的乐观主义精神。这些标语和漫画，是我党我军艰苦奋斗历史的见证，它对我们弘扬红军精神，进行爱国主义教育有着极其深远的意义。

红军饮马河露营地

红色基因代代传。上个世纪九十年代后，红军宿营地被改造成儿童研学基地。每逢假期，便有孩子们来此地体验军事项目，传承红色精神。

一队由孩子组成的队伍缓缓走来，他们身着迷彩服，姿态挺拔，排列整齐，由教官带领进入军事体能拓展训练区。“一二一”“一二一”孩子们整齐的步伐伴随嘹亮的口号声响彻天空。

训练区地面是绿油油的草坪，各个训练项目巧妙设置其中。被教官叫到的孩子两两成组，进行训练比赛，其他孩子则在一旁时刻准备着。孩子们身体轻盈、敏捷，从冲锋、跳跃、匍匐前进，三两下就越过一个障碍。偶有难以翻越的项目，教官也适当提供辅助，既帮助孩子们克服困难，也保障了他们的安全。

训练目的是帮助孩子们锻炼身体，增强体质，培育孩子坚韧的意志和自强不息、团结向上的精神。这是优秀传统的弘扬发展，是红色精神的赓续传承。如今的和平、幸福点滴来之不易，我们在便捷、美好的生活之中，也应积极行动，传承中华优秀文化。比赛结束，教官整顿队伍，与孩子们互动，严格又不失耐心，孩子们听从指挥变换队形，神态稚气又认真。

图 2-10　红军饮马河露营地入口　曾蓉 摄

图 2-11　孩子们集合　曾蓉 摄

图 2-12 翻越障碍物的孩子 罗钰雨 摄

图 2-13 从障碍栏跳下的孩子 罗钰雨 摄

图 2-14 跳下栏板的孩子 文艳楠 摄

图 2-15 匍匐前进的孩子 罗钰雨 摄

二、今日风貌

流水与石灰岩相侵蚀，形成了金城江区最典型的地貌——喀斯特地貌。最具代表性的金城江区喀斯特地貌风光便是珍珠岩。

珍珠岩

珍珠岩位于金城江六甲镇旦洞村。洞中钟乳、石笋多而且奇，有数个风景别致的景点。入口处有石碑，铭刻着“珍珠岩”三个古朴大字。岩体有水流出，往一旁水渠汇聚，清澈见底。

珍珠岩有一个特别的双层溶洞，位于景区西南部，洞内终年恒温 25℃，其中钟乳石和石笋每年以 0.13mm 的速度生长，是普通岩洞钟乳石生长速度的 8 倍。为此，当地还流传着美丽的传说，认为这是受到了壮族女神姆六甲乳汁滋养的缘故。

图 2-16 珍珠岩入口 曾蓉 摄

图 2-17 珍珠岩溶洞钟乳石 曾蓉 摄

图 2-18 珍珠岩溶洞钟乳石的水滴 曾蓉 摄

图 2-19 长在珍珠岩溶洞里的植物 曾蓉 摄

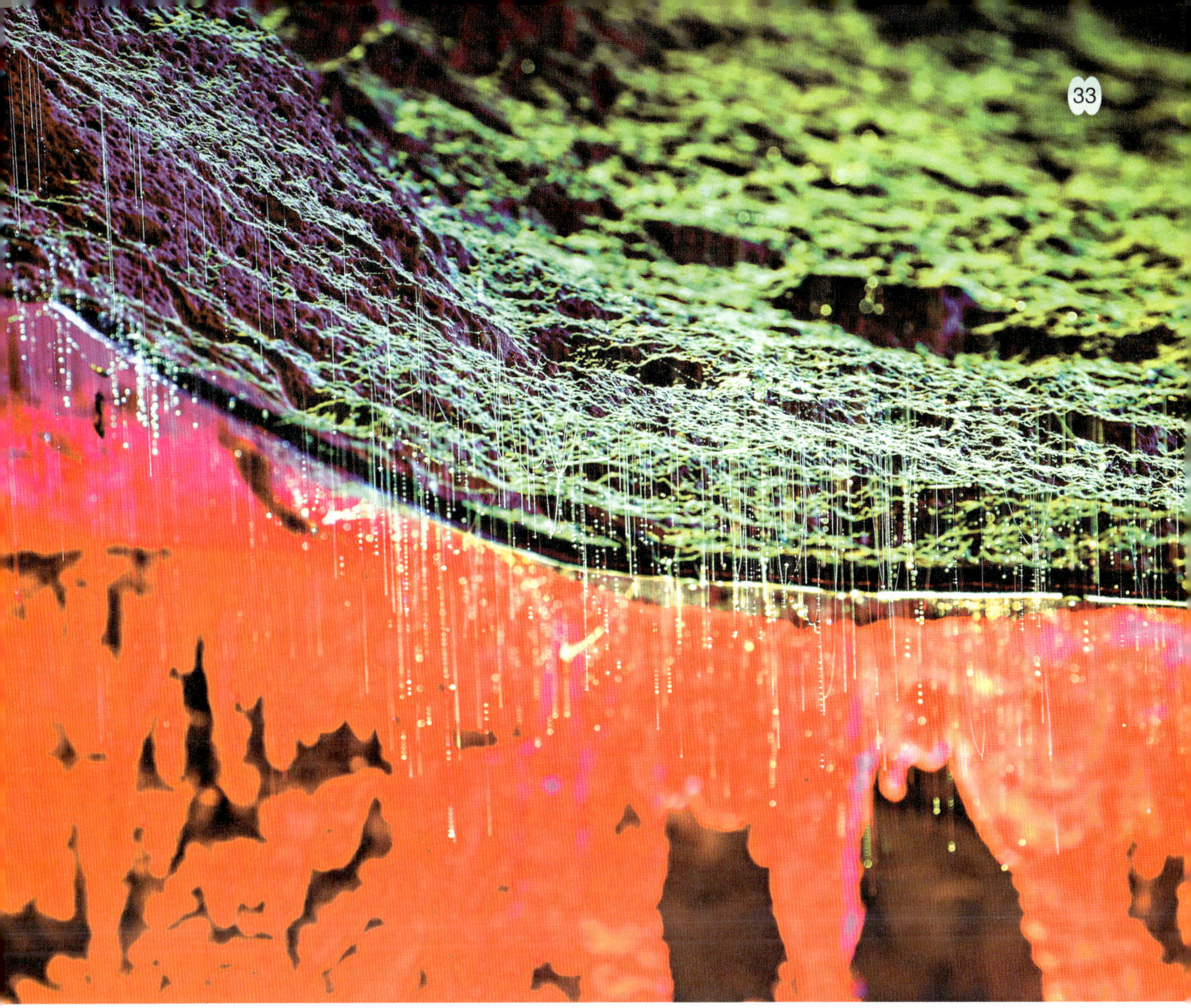

图 2-20　珍珠岩溶洞中的毛细水网　曾蓉 摄

走进洞内，片状的钟乳石携水汽扑面而来，溶洞内多外观圆润、形似珍珠的石头。在彩灯的映照下，洞顶、石壁上钟乳石、石柱、石幔等纹理清晰可见，它们千奇百怪，有如篆刻浮雕、有如飞禽走兽，让人不得不惊叹大自然的鬼斧神工。

向前延伸的道路，俨然成为途径喀斯特地貌演变的历史长廊。溶洞沟壑曲折，在时间的不断剥蚀中又不断被塑造，显现出深沉又富有生命力的面貌。有花立于岩石中生长，石壁水纹，也如树木脉络延伸。

溶洞不通风，造成毛细水沉积现象，不受重力影响，形成晶莹剔透犹如一串串水晶珠帘般的景观。

下桥村

在金城江，竹林随处可见。亚热带季风气候带来的超 1200mm 年降水量，滋润着金城江的竹林狂放地生长。

金城江人深爱着这片绿竹掩映的土地。他们的日常生活，总少不了竹子的身影。午饭后，人们三三两两地漫步于竹海，在风吹竹叶的沙沙声中小憩。

图 2-21　下桥村竹海鸟瞰　文艳楠 摄

图 2-22　下桥村竹海入口　文艳楠 摄

红心生态农业基地

由于喀斯特地貌的制约，农业发展受到限制。金城江区因地制宜，推广智慧农业生产模式。最具代表性的是位于河池镇的红心生态农业基地。这里大片的大棚和深绿的作物，扎根在蓝天之下。

进入其中，才能更加体会到这绿有多深，穿过一个小门，满是蓬勃的绿色，一眼望不到头。负责人介绍说，这里采取“蓝莓＋红薯套种”，主要售卖作物幼苗，如小南瓜、樱桃、番茄等。如今除摘种靠人工外，基本实现全自动化智慧化。

整个园区与科技接轨，借助科技助力智慧农业发展。盆栽里的土壤创新地采用椰子壳制成，环保卫生。更凭借数字化、智能化的种植技术，实现了云端运营。产业也依托特色进行发展，以创新、合作、发展、共赢四个支点，撬动旗下品种类型、种植模型、经营模式三大特色的经营与管理，打响了特色品牌营销战略，带动了周边千户农户发展特色农业。

整个产业园有米酒、粽子、食用油等特色产品，通过对园区内产品深加工，实现自产自销；园区主要采用机械化智能化技术，基本实现全自动化。同时吸纳周边居民就业，促进当地经济的发展，增加群众收入。

以振兴产业、人才、文化、生态、组织为出发点，结合现代科技手段，实施乡村振兴战略，带动经济发展。这是他们交出的一份答卷。

图 2-23　红心生态园鸟瞰景色　罗钰雨 摄

图 2-24 红心生态农业智慧中心 罗钰雨 摄

图 2-25 收割蔬菜的工人 罗钰雨 摄

图 2-26 智慧农业大棚 罗钰雨 摄

图 2-27 部分生态农产品 罗钰雨 摄

三、人民生活

金城江公园

随着朝阳洒在金城江公园韦拔群烈士雕像上，金城江人迎来了普通而充实的一天。这座公园既是重要的革命教育基地，也是金城江区唯一的自然生态休闲娱乐公园。公园依山而建，最高处为韦拔群烈士雕像和革命烈士永垂不朽纪念碑。每逢清晨，人们在纪念碑下锻炼身体，或者带着小孩祭拜烈士。

图 2-28 朝阳下的韦拔群雕像 罗钰雨 摄

文苑路广场

除了金城江公园，城市广场也是人们晨练的好去处。伴随着清晨的喧嚣，路边小广场上随处可见认真挥洒汗水的晨练者。微风拂过榕树，枝叶随人们的身姿一起摇摆，传递出小城悠闲的气息。

吃完早餐，人们开始了一天的忙碌。

图 2-29　文苑路广场上晨练的人们　罗钰雨 摄

图 2-30　河池镇村民正在插秧　文艳楠 摄

五圩镇三镜村

七月正是栽晚稻的时候。先将秧苗运到水田，然后由人一排排地插秧。插秧是门技术活，不能太稀也不能太密。稀则浪费空间，密则影响水稻吸收营养。夏天的秧苗，秋天化作饱满的稻穗，养育这片土地上的人民。

正午时分，是一天中的农闲时刻。人们坐在凉亭下纳凉，三五好友一起愉快交谈，欢声笑语中享受惬意的微风。

图 2-31 正在午休的村民 罗钰雨 摄

河池体育馆

太阳落山，华灯初上，夜幕下的金城江展现出绚烂多彩的另一面。

结束一天的劳动，人们开始享受丰富多姿的夜生活。对于金城江民众而言，最舒适的方式就是漫步于深蓝夜空下的河池体育馆广场。

图 2-32 金城江夜景航拍 文艳楠 摄

图 2-33 夜晚的河池体育馆广场 文艳楠 摄

历史是一卷流动的画。临金城江，走过革命前辈们曾经走过的红土地，古朴的红色建筑、名人雕像依旧昂扬，在时间的长河中如星群闪耀，为过去现在，也为将来的人们指引前进道路。翠绿的竹林随着风轻轻摇曳，这片土地上的人们生活安宁，如那山间缓缓流淌着的溪流，平静而富有生命力。

（文字撰写：黎霞 张圣鑫）

三、三尖罗城

——千年仫佬咏唱的壮丽诗篇

罗城，美丽的仫佬山城，地质风貌多样且独特，自古便有“山如剑排，水如涛沸”的赞誉。

罗城是仫佬族聚居的山乡，全国唯一的仫佬族自治县。当地风景奇美，民俗风情浓郁，文人辈出，形成了“山头尖上有美景，筷头尖下有美食，笔头尖中有美文”的“三尖”文化。

图 3-17 罗城全景航拍 苏春强 摄

一、触摸仫佬族的心跳

龙潭水库

龙潭水库，1971 年 6 月建成，是一座以防洪、灌溉为主，结合养鱼等综合利用型水利工程。

龙潭水库没有大海的波澜壮阔，它有的只是一份宁静与安详。它像一颗璀璨的明珠，镶嵌在这片土地上，散发着独特的魅力，又像一面纯洁的明镜，倒映出青山、白云和蓝天，滋养人们纯洁善良的心灵。（如图 3-3）水库总库容 773 万立方，兴利库容 511 万立方，调洪库容 261 万立方，水库中溢出的生命原液，被良谢、梁莫、冲牙等仫佬族村屯吸纳、收藏。

图 3-2　龙潭水库（翻拍罗城志）　侯棕耀 摄

图 3-3　龙潭水库（新）　侯棕耀 摄

于成龙公园

“一代廉吏”于成龙出生于 1617 年，山西永宁州人，顺治十八年到罗城赴任知县。他在罗城任知县期间，实心做事，采取了一系列治理措施，使得罗城摆脱混乱局面，出现了百姓安居乐业的新气象，他也因此深受当地百姓的爱戴。

图 3-4　于成龙雕像　李春宁 摄

下午，炽热的阳光肆意地照在公园的成龙湖上，湖面泛着金光。雨不期而至。雨停，晚霞慢慢露面。天空、霞光、葫芦塔、青山，在水面汇聚，仿佛一幅色彩绚丽的画卷。（如图 3-5）

成龙湖公园集自然景观，人文景观于一身，从某一方面来说，它也是罗城人民精神信仰的生动体现。

大勒洞仫佬族古民居群

大勒洞仫佬族古民居群，有仫佬族古民居63座。（如图3-6）这些古民居已有二三百年历史，是罗城县保存最为完好、旧民房最多的仫佬族古民居群。现在，这里已经开发成为一个影视基地，影视作品《于成龙》便是在这里拍摄而成。

古村路上，一位老农头戴草帽，背着一只小小的竹篓，手拿一根细长的小木棍，轻轻地挥舞着，牛就慢慢往前走。

车往前行驶，一头小牛突然转身回望，眼神里闪着光，亮亮的深眸，似乎想要传达些什么。一座座从历史中走来的民族村落，历经沧海变迁，仍在散发着它独有的价值。

图3-5　雨后的成龙湖公园　侯棕耀 摄

图3-6　航拍大勒洞古民居　侯棕耀 摄

图3-7　《于成龙》电视剧拍摄地　李春宁 摄

石围古村

石围古村，首批中国少数民族特色村寨。

山坡、田野、河流三面环绕，视野开阔，自然景观秀丽。相传，石围古村村民先祖自明朝洪武年由河南开封迁来，家族聚居而形成，距今有 700 年的历史。

1912 年，村民用山石沿民房四周砌围墙抵御外乱，因而得名“石围屯”。村内民居均为砖木结构。屋檐与内墙壁画精细，花窗格式图案丰富，雕工精巧。进门抬头见香火、低头见煤炉，这些都是典型的仫佬族建筑风格。屯后保留有一条用三合土拌浆砌筑的石墙，墙中设有枪眼和哨口，是罗城目前发现的规模最大最完整的防御墙。在石围古村，石头是有灵性的。永安桥功德碑、石条古沓、双石板桥、功名石桅杆等古迹文物，见证了该村辉煌的历史，承载着仫佬族厚重的文化。

村中的小水池旁，村民们正在忙碌。小水池分为六个方形水池，一共三个层次，每层两个。水池的功能也各不相同。最高一层的两个池子是饮用水池，中间的是洗菜水池，最下面的一层是洗衣服的水池。最上一层设置有输水的机器，每个小水池都开有一个口子，用过的水顺着口子流出，保持水的流动性，更新水质。（如图 3-9）

村头的桥边，竹树环抱，一位老奶奶推着斗车走过，那消瘦的背影，蹒跚的脚步，建构了古桥西风瘦影的画面。（如图 3-10）罗城矿产丰富，水质中矿物质含量也多，桥下的岩石被河水染成金黄色，在阳光的照耀下熠熠生辉。

图 3-8 石围古村 李春宁 摄

图 3-9　石围古村洗水池　李春宁 摄

图 3-10　石围古村古桥　苏春强 摄

仫佬族剪纸

仫佬族剪纸是广西壮族自治区级非物质文化遗产代表性项目。

罗华清，仫佬族非遗剪纸技艺第四代传承人。（如图 3-11）她八岁就随母亲学习剪纸、刺绣、绘画、缝纫等民间手艺。四十年来，她积极进取，从剪出小花小草单纸作品，到设计、裁剪出多层次的剪纸长卷，凡是在她眼前出现的东西，她都能现场剪出来，而且惟妙惟肖，栩栩如生，多项作品受到广泛赞誉。

巧艺者善学。罗华清用心学习仫佬族“非遗”知识，把仫佬族节庆、习俗文化元素融入剪纸创作中。在其作品展示墙上，一幅采用仫佬族独特的阴剪手法的作品，生动再现了仫佬族 17 个非遗项目。（如图 3-12）除了传统剪纸外，罗老师还逐步将剪纸文化元素运用到服饰、陶艺、文创等领域。在罗老师的传习馆，挂在右边靠墙树枝上的产品是香囊，有的绣着十二生肖，款式多样；有的是石榴，既寓意着多子多福，也象征着各民族之间像石榴籽一样紧紧团结在一起；有的是绣球，代表着美好的姻缘。

左边靠墙的树枝上，挂着帆布包，绣着仫佬族的特色花纹，主要以青色为主。根据《广西通志卷二七八列传》中“宜山姆姥即獠人，服色尚青”的描述，我们不难发现，青色是仫佬族推崇的颜色。

传习馆中间的长桌上，摆着三个黑色的陶瓷盘子。盘子上的图案是罗老师设计好后刻上去的，古典精美，不仅有仫佬族的凤凰和铜鼓等民族印记，也有关于井冈山革命故事的历史刻痕，体现

图 3-11 罗华清正在剪纸 苏春强 摄

图 3-12 仫佬族剪纸文化 苏春强 摄

图 3-13 陶瓷盘子剪纸图案 候棕耀 摄

了创作者的历史使命感。（如图 3-13）传习馆左边的工作室摆放着罗老师的各种作品，有精美绝伦的剪纸服饰，有古香古色的剪纸壁画，有充满故事感的相框，有寓意深刻的背带。

罗老师说，从民族、历史和生活中取材，是为了让自己的作品既能传承民族文化，也能穿在身上、用在手上，从传统走向时尚，贴近人民的生活，为人民服务。为了将剪纸技艺传承下去，罗老师还成立工作坊，积极开展授课培训，已培训人员约 2 万人，培养县级非遗剪纸传承人 2 人。仫佬族剪纸这项承载历史印记的传统技艺正展示着蓬勃向上的生命力。

罗老师还引导当地剪纸手艺人自主创业，通过电商平台将他们的剪纸作品销往各地，帮助为他人“剪”出幸福之路。罗老师还通过“剪纸进校园”的形式弘扬非遗技艺。孩子们在学剪纸的过程中，掌握一定的剪纸艺术技能，审美和创新

图 3-14 华清剪纸 李春宁 摄

能力得以提高。

仫佬族剪纸文化，润泽一方，紧随时代发展的脚步，以其强大的文化力量，为乡村振兴发展注入了鲜活的生命力。

舞草龙

舞草龙，一种具有民俗特色的传统体育。2010 年，被列入广西非物质遗产名录。

草龙通常由稻草、竹子制成，躯体部分用竹条或者铁丝固定，身形颀长，立体感十足，鳞甲宛然，细致到连龙鳍和龙须都十分逼真，这些竟然都是用身边寻常不过的稻草制作而成，它们充分显现了仫佬族先民的非凡智慧和精细的手工技艺。稻草在村民的巧手下，重新焕发了蓬勃的生命力，这股活力蕴含了人们对丰收和富裕的祈愿。

舞草龙的表演形式多样，常常在重要的节日、庆典或民俗活动中出现。表演时，舞龙者通过

图 3-15 罗城天河仫佬族舞草龙少年 候棕耀 摄

协调的动作和步伐，让草把龙活灵活现地舞动起来，展现出龙的威严、灵动和神秘。当舞动起来的时候，活灵活现，仿佛真的看到神龙在空中腾飞，让人看了热血沸腾。（如图 3-15）

舞草龙在仫佬族文化中具有重要地位，它不仅是一种娱乐表演，更承载着丰富的文化内涵和寓意。代表着人们对风调雨顺、五谷丰登的祈盼，寄托着人们对美好生活的向往和祝福，更体现了民间艺人的独特智慧和创造力。至今，舞草龙的技艺仍在传承，它是罗城人民心中不可或缺的精神寄托。

二、宁静与灵动的合奏

棉花天坑

天坑，本是大地的塌陷。罗城人民却在这个巨大的山体缺陷中，重新发现并建造了风景。（如图 3-16）

图 3-16 棉花天坑俯视图 候棕耀 摄

图 3-17　天坑悬崖酒店　苏春强 摄

棉花天坑深约 326 米，直径约 305 米，内壁中一面是垂直的峭壁，另三面覆盖着茂密的植被，形成了一个罕见的大型漏斗形状的天坑。坑底的溶洞连通着地下河。如此壮观的天坑，却有着一个温柔的棉花之名。棉花天坑得名有两种说法，其一是，从天坑底部向上望，天上的白云宛如棉花；另一种说法是，天坑底部水汽蒸发，宛如棉花。

棉花天坑面很大，越往下走越小，上下面积相差十倍。走到坑底向上望，犹如“坐井观天”。顺着透明的玻璃栈道攀登，到达一定的高度后再俯视坑洞，又有一种“一览众山小”的辽阔。景区内设置了溜索和吊桥体验，是感受天坑的又一视角，引得不少的游客前往体验和挑战。天坑底部独特的地理环境也孕育了丰富的生物多样性，形成了特殊的生态系统。坑底部苔藓遍布，灌木丛生，生长了许多知名和不知名的各类植物。这些植物如同绿色的精灵，守护着神奇的棉花天坑。

天门山

天门山，当地人也称之为“元蒙穿岩”，罗城“新八景”之一。

天门山是自然形成的一个大洞。洞高百余米，宽 30 米，气势恢宏奇秀，巧夺天工。远看，

图 3-18　天门山　候棕耀 摄

犹如一扇敞开的大门。（如图 3-18）

剑江穿石门而过，形成流水佳境。

隔江望天门山，以山内的洞口为纵切点，整座山可以一分为二去看。洞口左侧的山比较小，但是山体却带棱角，呈现一个细尖的形状，左侧的山像极了轻狂的少年，锋芒毕露，锐不可当。右侧山，较宽阔，山体浑圆扁平，像一位宽厚智慧的老者。两座山各不相同，但拼接在一起，便造就了天门山的奇特。

景区内，有一汪绿如翡翠的潭水。岸边绿竹摇曳，江的对岸是当地的居民房，水，鸭，房屋相映成趣。视线顺着河水往上，便能一览天门山的盛况。

无人机飞起拍摄天门山。空中俯瞰，群山环抱的天门山，多座山头紧挨着站立，形成了山中有山、峰后有峰的绝妙景观。有人把这样的风景凝练成诗句，是为“溪曲山山水，山环露露峰”。这样深刻独特的地理感，令人感受到这些山头犹如屹立于苍茫天地间的五把利剑，也似团结相拥的罗城人群像。（如图 3-19）

图 3-19 航拍天门山 苏春强 摄

月牙坝

月牙坝，用月亮起地名，富含诗意，让人浮想联翩。

月牙坝，也叫月亮湾，位于怀群镇安东村。水坝远观犹如一排月牙，故而得名。（如图 3-20）

此坝始建于 20 世纪 70 年代，采用弧形结构，两边基座较大，可将水压传导给两岸的地基，有效依靠地基的反作用力来阻挡水流的冲击。水流经过月牙坝的弧形结构后，会被分成一条条细密的水柱，有序地往下流淌。月牙坝在防洪减灾，灌溉供水，生态调节，旅游休闲方面都发挥了自己的作用。

河岸有古榕。它们将粗壮有力的根系伸入清澈的水中，在剑江水的滋养下，生活了上百年，看尽了这个古老村庄的种种变迁，却依然保持着它的柔韧刚健。

江面竹筏上蹲着一位洗衣老人。老人将衣服放入水中浸湿后在竹筏上摊开，再操起木棍捶打，搓洗。靠水而居的村民，坚守着最原始的生活方式，这是乡民对这方水土的信赖。（如图 3-21）

青山悠悠，水流潺潺。月牙坝是一个典型的山水结合体景观，山为伴的月牙坝，水流从不止息。剑江水在月牙坝处激起水花，流动着宁静与灵动的合奏。

图 3-20　月牙坝　李春宁 摄

图 3-21　剑江　苏春强 摄

高山草甸

高山草甸，属九万大山山脉区域，有良好的生态环境，一年四季美景如画，被旅客们誉为“天堂牧场”。山，神奇秀丽；峰，怪石嶙峋；云，触手可及；风，动人心神。这里是罗城的梦幻草原，罗城人自己的漫画世界，有西南喀斯特地貌的典型特点。近看山峰秀美，牧草茫茫，仿佛来到了北方的草原上，一种异域的风情荡漾在原野上，让人沉醉。（如图 3-22）

图 3-22 航拍罗城高山草甸 苏春强 摄

图 3-23 高山草甸 李春宁 摄

如果你问天堂在哪里，那么这里可能就是。草甸与山峰齐高、绿地与云海相接，给人一种“白云回望合，青霭入看无”的感觉。周围的青山敞开绿色的怀抱，几头黄牛怡然自得地啃食青草。清风弹奏着狂想曲，开得狂野的山花低头致意。如果不是远处的民居炊烟袅袅，如果不是游人的汽车鸣笛划过长空，时间将在这里凝固。这幅美丽的画卷，静悄悄地挂在这片天空下。

草甸、民居、群山、蓝天、白云，相互环绕，这是一座天然的围城，里面的人不想走，外面的人想进来。而你，想涉足这块宁静之地，寻觅心中的诗与远方吗?

图 3-24　高山草甸　候棕耀 摄

三、活力迸发的产业

天龙泉酒业

天龙泉酒业成立于 2008 年 2 月，是“劲牌”公司在广西投资的集研发、生产、销售为一体的米香型白酒企业。企业曾获“广西工业企业质量管理标杆”荣誉称号。

好水酿好酒。酒的品质与一个地方的水土密切相关。

罗城位于广西九万大山国家自然保护区南麓，日照条件充足，保持着大面积原始性积累的常

图 3-25　天龙泉露天陶罐　侯棕耀 摄

图 3-26　天龙泉　苏春强 摄

绿阔叶林。九万大山中流淌的泉水富含锶、硒等多种矿物质，对人体有益。这一切，都为酿酒创造了得天独厚的条件。以山的名字命名的白酒品牌“天龙泉”便应运而生。它作为米香型白酒的典范，具有酒色清透，米香清雅，口感绵柔，清爽回甘的特点。

天龙泉酒厂园区绿化面积广，绿树成荫，宛若森林公园。露天空地整齐摆满了成排成列的泥黄色大陶罐。每个陶罐有一吨重，整个露天陶罐藏酒库共有 1090 个陶罐，占地面积 10900 平方米，是广西最大的露天陶罐藏酒基地。（如图 3-25）

进入陶藏成品区，便听到悠扬的山歌。负责人说，这是特地为这些酒们准备的音乐，在音乐的作用下，能使米酒的品质更好。“听着山歌成长的米酒”味道极佳，品相也极好。品酒室内，透明玻璃杯盛上原浆白酒。轻轻晃动酒杯，酒液“挂壁”，酒的品质在玻璃表面炫亮。轻抿一口，酒在与舌尖相触的一瞬间，迸发出清甜的滋味，

滴滴好酒滑入喉间，米酒的浓烈涌了上来，但不似农家自酿的米酒般辛辣。

生产车间，酒香扑鼻。工作人员在忙碌着，车间里回响着轰隆的机器声。隔着玻璃窗往里面看，只见白色的大米被机器一步步推向下一道工序，丝毫不停歇。负责人说，厂里近年引进高端机器，技术先进，每个工序基本只需要一个工作人员操控，米酒生产实现了智能化、自动化。

天龙泉酒业的每一款酒瓶上，都融合了民族特色元素，设计精美，再辅以高雅的配色，在吸引消费者购买的同时，也在向外传播民族优秀传统文化。（如图 3-26）

指尖坊

指尖坊是一家集设计、研发、生产、销售为一体的黄金珠宝企业。企业秉承“以高品质创造未来”的品牌理念，产品以精致小巧、设计理念先进、造型独特著称。

公司以古法黄金、花丝银蔽、手工篆刻为主，深研黄金手道技艺，其中，“非遗花丝”是他们的一大特色，花丝的制作过程，全凭手工，耗时耗力，技艺精湛，通过此法制成的珠宝，光泽亮丽，典雅大气，极具设计感，深受广大消费者的喜爱。（如图 3-28）

（文字撰写：邱剑锋　刘惠琦）

图 3-27　指尖坊　苏春强 摄

图 3-28 花丝技艺成品 李春宁 摄

四、多彩环江

——世界自然遗产地，神秘毛南文化园

环江，全国唯一毛南族自治县，是少数民族聚居地，居住着毛南、壮、苗、瑶、仫佬、水、侗等多个少数民族，多姿多彩的民族风情在此交融。

环江，是世界自然遗产地，有享誉全世界的喀斯特景观。2014年，广西环江毛南族自治县喀斯特地貌被列入联合国教科文组织的《世界自然遗产名录》。

图4-1 环江日暮 李春宁 摄

一、毛南族文化的独特表达

毛南族发祥地

下南乡中南村南昌屯，毛南族的发祥地，距今已有近 500 年历史。2014 年 9 月，南昌屯入选国家民委命名的首批中国少数民族特色村寨。

南昌屯的房屋建筑独具特色。石基、泥墙、青砖、灰瓦。由于居住地到处是石头，石料充足，所以毛南族人房基或墙都是用精选的石头砌成的。房子分为上、下两层，上层住人，下层用来放置农具、柴草、杂物以及圈养牲畜等，充分而有效地利用了空间。在房屋前，毛南人还会用长条形的石头砌一条石阶，毛南语叫“突结”，就是“石梯”的意思。由于这种房屋很像壮族的“干栏”建筑，所以称为“干栏石楼”。

为保护和传承毛南族文化，环江毛南族自治县在实施下南乡开发扶贫“整乡推进”过程中，把风貌改造作为重点建设项目之一。在充分融合毛南族传统建筑元素，体现地域民族建筑特色的

图 4-2　南昌屯：毛南族发祥地　苏春强 摄

基础上，对建筑进行了翻新巩固和立面装修。如今的毛南族建筑，依旧保持着“干栏”建筑的特点，门窗、门栏、石柱和屋檐上也都雕刻有精美的图案，传承着毛南族的美好传说，蕴含了丰富的寓意。外墙则从泥墙变成了灰白砖墙。其他皆坚持“修旧如旧”的原则，沿袭毛南族古建筑风格，彰显毛南风情。

图 4-3　南昌屯　侯棕耀 摄

陈双民族村

陈双民族村，是环江县一个以苗族为主多民族杂居的移民大村。进入村寨，首先看到的是粗糙原木制成的棕红色大门，门顶青瓦，左右挂着红红的灯笼，看起来古朴雅致，具有典型的苗族建筑特征。各家各户的门前，都有一块牌匾，上面写着家风家训：严守法律　诚实做人　踏实做事　勤俭创业。在党和政府的指引下，各族人民不仅实现了物质上的富足，精神上也如向日葵

图 4-4　陈双民族村全景　李春宁 摄

图 4-5 四坊工作室外景 侯棕耀 摄

一般，向阳生长。离苗寨不远的四坊，是陈双村的非遗手工艺品体验基地，也是环江毛南族青年就业创业实践基地。四坊分为一个主坊、三个次坊。主坊是非遗文化传承坊，专门展示毛南锦，花竹帽等少数民族文化物件。次坊为蜡染坊，主要展示苗族特色的扎染和蜡染。四坊自建立以来，以非遗文化为基础打造自身特色，将新时代文明实践与非遗文化传承相结合，守护民族精神家园，充分展示了环江非物质文化遗产保护成果，提高了非物质文化遗产可见度和影响力，保护和发展了民族传统文化，让非遗有温度，有故事，有创意。

世界上最大的铜鼓

广西，是世界上铸造和使用铜鼓的主要地区之一，素有“铜鼓大本营”“铜鼓之乡”的美誉。

铜鼓承载着广西各民族长期文化交流的历史，是中华民族古代文化艺术中一颗璀璨的明珠。环江铜鼓广场，有一面荣获吉尼斯世界纪录的铜鼓。它的面径 6.68 米、鼓身厚度 2.8 米，净重 50 吨，由纯黄铜一次浇筑成型，正面由传统冷水冲型，背面是传统麻江型。由广西壮族自治区“非遗”传承人韦启初大师设计，30 多位工匠铸成。这面铜鼓是为庆祝环江毛南族自治县成立 30 周年，展示全县各族人民顽强拼搏，团结奋进的精神风貌而铸造的。鼓面有四只蛙形雕塑、三个毛南民族舞蹈立体图案和一个毛南三界公立体图案，象征着环江毛南族丰富的文化特色。底座为四头 2.68 米高的毛南神牛石雕，细节化的雕刻，神形兼具，精致又让人震撼。鼓的正面最外围一圈刻有十二生肖图案，体现了先民对时间、生命和宇宙循环的深刻理解。每个生肖代表了特定的年份，象征着不同的性格特点和命运走向，展现着广西独特的铜鼓文化和民族风情。

图 4-6　铜鼓正面　李春宁 摄

图 4-7　铜鼓背面　李春宁 摄

毛南族博物馆

这是一个具有明显民族特色的博物馆。一楼是“专题展区”，设有毛南族“肥套”、分龙节、民间传统体育、竹帽编织技艺及铜鼓铸造技艺等五个专题。二楼为“普通陈列”，分别展示民族建筑、碑刻、匾额、石雕艺术、生产生活用具、饮食文化、纺织染工艺、民间礼俗、毛南山乡新貌等实物和图文内容。馆藏文物 800 件，其中三级文物 51 件。民族的文化和产品工艺在历史的潮流中沉淀出宝贵精华，充分展现了环江毛南族民俗风情的历史和特色。

图 4-8　毛南族博物馆　苏春强 摄

思恩塔

思恩塔，环江最高的建筑，位于毛南族博物馆右侧。它原称“龙门塔”（曾称“杰灵塔”），后更名为“思恩塔”，突出“思念恩情”的道德文化元素，蕴含着毛南族人民的“思恩图报”寓意。思恩塔由主塔、观景台、台阶三部分组成，仿明清时期建筑风格建设，主塔占地面积 632 平方米，建筑面积 800 平方米。

塔高七层，从山下望向思恩塔，在茂密的山林间，思恩塔一枝独秀。沿着螺旋式的阶梯拾级而上，可以看到每一层都有精美的油漆彩绘。游览者欣赏着画中故事，从三界传说到神奇圣母山，从寻找幸福到竹木情深，每一个故事都带着人们穿梭时空，回到古老遥远的年代。登上塔顶，俯瞰四周，当清晨的第一缕阳光揭开云雾的面纱，多彩的环江小城就浮现在眼前。

北宋牌坊

此处的“北宋”是地名，而非朝代名。北宋牌坊，位于明伦镇北宋村，故此得名。

牌坊建于清光绪二十年，是曾任云南藩库太守之职的北宋村人卢式慎为纪念其家族 9 人在一次抵御流寇的战斗中殉难所建，光绪皇帝钦赐建此牌坊。牌坊全部用青石条、石板、石柱叠砌而

图 4-9 思恩塔 侯棕耀 摄

图 4-10 北宋牌坊 李春宁 摄

图 4-11 北宋牌坊局部 李春宁 摄

成，主体由两座相距 15 米的三连门组成，雕刻有龙戏宝葫芦及鳌鱼、神佛、麒麟等浮雕图案。重檐斗拱，榫卯相接。距牌坊西南面 15 米处立有四块龟座高 2.4 米，宽 1.2 米，厚 0.15 米的碑刻，碑文分别用满、汉两种文字铭刻“一门九烈”的身世和光绪皇帝的诰命。碑刻用大青石雕刻而成，气势非凡，技艺精湛。该古迹于 1994 年被广西壮族自治区认定为第四批文物保护单位。在风雨的侵蚀下，牌坊已经有了斑驳的痕迹，但却承载着北宋村人顽石般的抗争精神，滋养着环江人民的精神意志。

凤腾山古墓群

凤腾山古墓群位于广西河池环江毛南族自治县，占地面积约 2 万平方米，是清朝时期的古遗址。墓群从山脚排向山顶，不规则地分布着大小墓体一千二百余座，分有碑文墓和无碑文墓两种，均坐西向东，是迄今毛南族地区规模最大，数量最多，保存较为完整的古墓群。如今，凤腾山古墓群不仅是自治县和自治区级文物保护单位，更是被国务院列为全国重点文物保护单位。

墓群前的石坊，在风雨的侵蚀下，给人一种沧桑肃穆的感觉。在石坊的最高处是一个石雕葫芦，寓意着福禄的意思。四根石柱上分别刻着飞舞的神兽，祥瑞龙凤以及各种动植物花纹，让人在感叹其庄严气势的同时，又惊叹其雕刻技艺的精美。

图 4-12 凤腾山古墓群 苏春强 摄

图 4-13 凤滕山古墓群石坊 李春宁 摄

毛南族傩面

傩文化是毛南族的显著特色。傩面是环江毛南族民俗文化的重要载体。

毛南族傩面一般高 30 厘米，宽 20 厘米，分为文、武、善、凶四大类，描绘了 36 神 72 种不同的面相神态。在傩面当中，颜色不同，代表的寓意也不同。白色代表善，黄色代表贵，红色代表凶，黑色代表低贱，绿色代表善良。傩面的制作分为四个步骤：选材，构思，雕琢，上色。傩面具采用当地的恩木雕琢而成。这种木头质地轻软，易于雕刻和佩戴，同时不易开裂变形和不易被虫蛀的特性使它更适于保存。傩面具的雕刻艺术传承久远，其构思既来源

图 4-14 傩面 李春宁 摄

于传承下来的模板，也取材于现实生活。

傩面主要运用于分龙节和“肥套”活动。毛南族的分龙节，也被称为五月庙节。此季多雨，传说是龙分开到各地去行雨的日子，来源于远古祈雨的古老传统，是毛南族一年一度的祭祀龙的传统大节，主要活动包括蒸五色糯米饭和粉蒸肉，以及插柳枝、拜神等，目的是祈求五谷丰登。“肥套”，在毛南语中，即还愿的意思。“肥套”仪式是毛南族最古老的风俗之一，至今仍在毛南族地区盛行。“肥套”一般是以家庭为单位举行，会邀请当地的师公举行仪式。师公换袍穿衣，戴上傩面具，便开始扮演“神”的角色，以“神”之名为人还愿。毛南傩面木雕技艺于2012年被列入广西壮族自治区非物质文化遗产名录。

花竹帽

花竹帽，毛南语叫“顶卡花”，是在帽底编织花纹的意思，毛南族的传统手工艺品。花竹帽原料是金竹和墨竹。工匠们在秋后砍竹破篾，浸水晾干，编织时分表层和里层。表里两层纹样各异，寓意丰富，源于毛南族的自然崇拜、图腾信仰和文化传承，是传递民族文化和情感的载体。

花竹帽有着一个美丽的故事。古时有个善于编织的汉族青年来到毛南山乡，他编制了一顶花竹帽，戴着它上山砍竹时，邂逅了一位美丽的毛南族姑娘。下雨时，青年将其递给姑娘。姑娘在

图 4-15 少女穿戴花竹帽 苏春强 摄

图 4-16 编织花竹帽 苏春强 摄

雨停后，拿起帽子仔细观察，发现帽底还编有一圈精美的花纹，十分喜爱。后来，两人结成了夫妻，花竹帽也随着传说成为毛南族人民的定情信物流传下来。如今每逢佳节，男青年会将花竹帽送给心仪女子，若女方有意，便会接过花竹帽，并将亲手做的布鞋送给男青年以作答谢。出嫁时女子会把花竹帽当作嫁妆，这是荣誉与祝福的象征，更是勤劳和真爱的激励。

毛南锦

毛南锦是在广西环江一带流传的织锦工艺品，精选棉线和各色丝绒线，用土机编织而成，可以做成被面、背带心、挂袋等衣物。毛南锦有八角花、香炉花、凤凰花等各种各样的图案纹样，呈几何形结构。纺织毛南锦用的竹笼机主要分布在环江毛南族自治县的下南乡，其外形原理与宾阳竹笼机大致相同，尺寸略小，机台长 160 厘米，机架高约 80 厘米。分经筒尺寸较大，呈三角形。竹笼小巧，竹针一般在 40 根左右，悬挂竹笼的杠杆后端直接连接着踏板。手艺人工作时脚不能离开踏板，姿势固定，需专注而细致。毛南族竹笼机没有梭子，线茬通过地纬时用刀杼。刀杼的背部剜空装置纬管，兼有梭子的功能，又能起打紧经纱的作用。广西少数民族织锦机有棉丝合织，棉为经、丝做纬的特点。这种织锦机织出来的锦结实厚重，用途广泛，经久耐用。

图 4-17　毛南锦　苏春强 摄

二、隐秘的地质奇观

古宾河

环江，地处九万大山南麓，水系发达。境内大小河流共计 74 条，其中以大环江和小环江最为人熟知。环江属珠江水系，呈南北流向，全长 164.8 公里，总流域面积 2793.84 平方公里。

古宾河属环江县大环江河上游支流，发源于贵州省，流经广西木论国家级自然保护区。该河两岸风光秀丽，以“滩长、弯多、水急、峡窄”而出名。峡谷两旁原始森林茂密，奇石林立，汹涌奔腾的河水被阻成 59 道急流险滩。而最具有代表性的青龙峡谷以“山清、水秀、幽静、原始”扬名。

图 4-18　古宾河全景　李春宁 摄

环江喀斯特世界自然遗产地

环江喀斯特世界自然遗产地是一处隐秘的地质奇观。这里，奇峰林立，山石嶙峋，瑰丽奇特。以木论自然保护区为主体的环江喀斯特地貌位于川山镇境内，北与贵州荔波喀斯特世界自然遗产地相连，面积 71.29 平方公里，缓冲区面积 44.30 公里。

图 4-19　前往黔桂古道　侯棕耀 摄

图 4-20　黔桂古道　侯棕耀 摄

图 4-21　蝴蝶　李春宁 摄

从缓冲区进入，茂密山林中，一条青石、花岗石铺就的石道不断往前延伸，这便是始建于秦的黔桂古道。经汉、隋、唐、宋、元、明、清而不绝，是联结黔、川、渝、滇、桂、粤等省区市的古代交通大动脉，将内陆与沿海紧密地联系在一起，促进当经济文化发展。

抬眼望去，峰丛莽莽，林海苍苍，给木论保护区添上了神秘的色彩。远望山体呈青灰色，隐隐绰绰，犹如一幅褪色的山水画卷。

古道孕育着蓬勃的生命力量。藤蔓攀附、石壁生树，平凡的石头仿佛也具有了生命的色彩。各色蝴蝶飞舞，蝉鸣蛙噪，蚂蚁慢行，反映了木论自然保护区多彩的生命图景和优良的生态环境。

牛角寨瀑布群

瀑布是喀斯特地貌特征之一。

牛角寨瀑布群发现于2009年。因石壁上发现大量牛角状化石，故得名“牛角寨”。沿阶而行，四周“青树翠蔓，蒙络摇缀，参差披拂”，令人心旷神怡。

未见其形，先闻其声，通天瀑布声震四野，气势磅礴。初见瀑布白练下注，水注轻薄似帘，

图 4-22　俯看木论自然保护区　李春宁 摄

图 4-23　通天瀑布　侯棕耀 摄

图 4-24　牛角状化石　李春宁 摄

图 4-25 水帘洞瀑布 李春宁 摄

平视时像一条白色丝带，丝丝缕缕轻柔飘逸；仰视时，外侧的水流较急，分成无数箭头疾速下坠，内侧的水流较慢，如炊烟袅袅，缓缓而落，氤氲出清凉的水雾。隔着一两米，可见水珠或如绿豆般细密，或如雨丝般细长。身处其下，如同进入了一个天然的空调房一般。顺着阳光洒落的方向看，又会发现水雾散落如雪，轻柔似絮。

瀑布后面，有一天然洞穴，人称“水帘洞”。洞内怪石嶙峋，参差交杂，石壁如刀削斧砍，锋芒内敛。顺洞而下，来到通天瀑布底端仰望，“飞流直下三千尺，疑似银河落九天。”

诗人田湘诗作《牛角寨瀑布》这样形容：

隐藏在深山
练习坠落，和歌唱
用孤独赞美孤独
失控的水柱，如自由落体
不知不觉中，粉碎在谷底
惊起阵阵波澜
那些凋谢的生命
在绝望中重又盛开
灿若莲花朵朵

七仙女瀑布，得名于神话故事《牛郎与织女》。相传在很久以前，这里有个美丽的水潭，潭水翠色如玉，经常有仙女相邀前来戏水。后来有一天，牛郎放牛到正午，又累又渴，急着找水喝，

图 4-26　七仙女瀑布　侯棕耀 摄

走到潭边时发现七位美丽的仙女正在潭内嬉戏，他惊慌转身之间被一块石头拌倒在地，禁不住喊了一声“唉哟！”仙女们一听到声音，便飞走了。牛郎恍惚间看见七条彩虹在天上疾飞，再一看池里不见仙女踪影，只见七股白练挂于崖壁，像是七位仙女遗留的裙带随风摆动。

三叠泉瀑布，瀑布底部有一块巨石形似蟒头，仿佛一条蟒蛇在潭中饮水。孔雀瀑布水流平缓，经过石壁流淌而下时，呈现扇形，就像孔雀在开屏，婀娜多姿；双龙瀑布由通天瀑布的部分溪流与另处山间的溪流汇集至此，溪水长流，晶莹透彻，流经山石跌宕起伏，撞击岩面激起千万朵水花，在阳光下幻变为五彩缤纷的水珠，犹似两条银龙起舞，遂得此名。两条蛟龙性情各异，左侧的性子烈，流动速度快，远看时静如玉柱，近看时阳光落下，耀如日芒。右侧的性子慢，流动速度慢，水流下的岩层若隐若现，层层堆叠、圆润有序，如龙鳞甲，无比壮观。

图 4-27　三叠泉瀑布　苏春强 摄

月亮山

月亮山位于环江毛南族自治县水源镇三才村曲江小平原。

月亮山宏伟高大，临近顶部有一个圆形空心，阳光穿山而过时，宛若明月，故而得名。相传，远古时候有一位神仙挑着两座山路经此地，发现此地风景独特，美不胜收，便放下两座山赏景。赏景后觉得两座山放在此处更是锦上添花，于是就把它们留在了这里。一座是这月亮山，另一座则是含香村的通天洞山。

从观景台远眺，蓝天、白云、青山相映成趣。山下的稻田在阳光的浸润下，青黄相间，宛如一幅天然的水彩画卷。夕阳西下，从山脚抬头望，最后一抹阳光打在月亮山上，刚好照亮山顶的“月亮”，美不胜收！

图 4-29　月亮山下的村庄　李春宁 摄

图 4-28　月亮山全景　候棕耀 摄

三、乡村振兴引领产业升级

环江“五香”特色农产品

图 4-30　环江五香　苏春强 摄

环江“五香”（香猪、香牛、香鸭、香菇、香米）特产名扬国内外。其中，环江香猪是中国珍稀猪种，自由放养，食杂粮、野草，肉质清甜浓香，具有养生保健之功效。广西环江香宝食品有限公司主要以环江香猪生态养殖、肉制品深加工为主，同时开发香牛、香菇、木耳，竹笋、富硒香米等农副产品。企业选材的环江香牛，成长于原始森林自然保护区，常吃野生植物，肉质细嫩甜脆，鲜美可口；香菇和香米也是在环江优良的自然地理条件下培育而成的，品质上乘，绿色无污染。进入产品制作车间，熏炉里，大块的腊肉和腊肠整齐地挂着，色泽鲜艳，泛着油光，肉香四溢。二楼是展览室，柜台上摆满了各种包装精美的土特产品，细细品尝腊味，“香”“辣”“韧”“麻”，具有地道毛南味儿，让人回味无穷。环江县内多山，古时交通阻塞，生活不易，毛南族曾被称为“毛难族”。而今，脱贫攻坚的春风吹遍，毛南族人民正在乡村振兴的大道上阔步前进。

2020 年 5 月 20 日，习近平总书记对毛南族实现整族脱贫作出重要指示：“得知毛南族实现整族脱贫、乡亲们生活有了明显改善，我感到很高兴。全面建成小康社会，一个民族都不能少。近年来，多个少数民族先后实现整族脱贫，这是脱贫攻坚工作取得的重要成果。希望乡亲们把脱贫作为奔向更加美好新生活的新起点，再接再厉，继续奋斗，让日子越过越红火。”

（文字撰写：刘惠琦　邱剑锋）

五、风情南丹

——千年白裤瑶

南丹县名始见于宋代元丰年间，因此地出产朱砂，且地处南方，故称为“南丹”。这里是云贵高原的边缘，是连接滇、黔、川、渝出海通道中段的黄金支点。南丹县风景宜人，内蕴深厚，历史悠久。徐霞客曾在这里留下过足迹，千年的土司文化、农耕文明在此得到发展，还孕育有独特的白裤瑶文化。

图 5-1　南丹朱砂矿石　文艳楠 摄

一、白裤瑶文化

在里湖，生活着被誉为“人类文明活化石”的白裤瑶。白裤瑶是瑶族的一个支系，他们自称“布诺”，因其男子都穿及膝白裤，故称“白裤瑶”。欲见证白裤瑶的生活型态，“赶圩”是重要的行为标本。白裤瑶赶圩文化历史悠久，每逢赶圩日，白裤瑶群众总会前来进行日常交易、赶集等活动，彼时，圩场上人山人海，热闹非凡。

里湖瑶族乡赶圩

早上八点半，里湖瑶族乡集市人来人往，市场热火朝天，小摊众多，售卖的物品数量可观，种类丰富，生动的集市面貌正如一幅历史画卷徐徐展开。穿着本族服饰的瑶家男女走在街上，有手拎物品、背带幼儿的，有两手空空只顾往前的，有与亲朋相伴，有说有笑的……街上两旁行人闲步，路中间有车辆穿行，他们各行其道，也有所交集，共同融于赶圩的熙熙攘攘之中。

图 5-2 里湖瑶族乡入口 曾蓉 摄

白裤瑶服饰是白裤瑶文化的重要组成部分，其纹理、图案颇具民族特色，形制优美，工艺复杂。在白裤瑶服饰店铺内，摆放着各式各样的服饰及材料用品，妇女们正围在摊前挑选布料、交流技艺，耐心又细致，尽显白裤瑶同胞对传统服饰的珍重。

在圩场台阶上，几位白裤瑶男子齐聚一角，他们看着前方街市，笑容满面，拉闲散闷，很是悠然。不远处有人敲打铜鼓，鼓乐齐鸣，群众们分散两旁围观，这又是赶圩热闹一角。瑶家人敲响鼓声，既是训练打鼓，也是切磋技艺。

里湖瑶族乡的赶圩日是瑶家人追求幸福、美好生活的具象化。赶圩的活动，充分激发了瑶乡经济活力，既提高了当地白裤瑶群众的生活水平，又助力白裤瑶聚居区乡村振兴和经济社会建设进一步发展。

图 5-3 赶圩路上的白裤瑶男女 曾蓉 摄

图 5-4 挑选布料的白裤瑶妇女 曾蓉 摄

图 5-5 闲聊的白裤瑶同胞 曾蓉 摄

洞天盛境

白裤瑶同胞生活在群山包围的山寨中，洞天盛境现在是南丹县白裤瑶民俗文化的集中展示区之一。走进瑶寨，可感受白裤瑶神秘悠远的服饰文化、铜鼓文化和陀螺文化。

“洞天自在乾坤里，盛境本藏五行中”，洞天盛境将自然景观与人文文化相结合，向人们展现了一个壮丽的视觉艺术世界。乘观光车进入洞内，盛境风光如历史倒带，彩灯抚过洞穴繁复的纹理，它们在时间的变化中有所不同。临一处空旷地，洞顶如夜空斑斓，水珠子从洞顶往下滴落，汇成浅浅的一滩，前头有一洞口，豁然开朗，从水里可见众多往明亮处去的人影，若是阳光映照，水光清波将会更美。

白裤瑶寨

穿过洞口就抵达了白裤瑶寨。白裤瑶寨是一个展现白裤瑶特有的生产、生活、生命状态的特色景区，其将民俗、风情、美食、非遗展示融为一体，让人们沉浸式体验白裤瑶生产生活场景和浓郁民族风情。

至瑶寨大门，身着民族服饰的白裤瑶男子正敲响铜鼓，互相配合，演奏乐曲打破了瑶山的寂静。进入瑶寨，两侧是当地经营的店铺，各色美食既给游客一饱口福，又推动了当地经济的发展。寨子内有大型建筑，形似蘑菇，不远处的非遗街则展示精美绝伦的白裤瑶民族服饰，对南丹非物质文化遗产也有书面介绍。

图 5-6 白裤瑶寨全景 曾蓉 摄

图 5-7　洞天盛境入口　曾蓉 摄

图 5-8　白裤瑶寨门口　曾蓉 摄

图 5-9 奏乐的白裤瑶民 曾蓉 摄

八圩瑶族乡

南丹县境内的白裤瑶主要聚居在里湖瑶族乡和八圩瑶族乡。由于历史、环境等原因，白裤瑶的服饰艺术保持着珍贵的原始性、生动的历史性和丰富的艺术性。

纺织万物，可织出盛世之美。因白裤瑶信奉雄鸡，男款服饰节日盛装外形也仿若雄鸡，下装白裤的膝部绣有五条红色花纹；女性夏装服饰穿贯头衣，上衣和下裙带着颇具民族特色的花纹。无论是男装白裤的五指印，还是女装头衣的瑶王印，皆为纪念瑶王。白裤瑶深远的民族文化凝结于传统服饰当中，瑶家妇女细细雕琢，织出民族发展的壮丽文化图景。如今的人们怀着对美好生活的追求，对瑶族服饰做了一定程度的改良，其款式和穿着场合更加符合时代的主流。

瑶族服饰是国家级非物质文化遗产代表性项目。在白裤瑶妇女中，有两位杰出的非遗传承人：黎凤珍和黎秋亿。她们是一对母女，幼时就随长辈学习瑶族服饰制作技艺。黎凤珍在沿袭传统的基础上，大胆地摸索实践创新，使服饰制作技艺有其独到的特点。她们一起创办南丹县凤珍蓝靛染布坊，被评为国家级非物质文化遗产代表性项目“瑶族服饰”的生产性保护示范户，走上了白裤瑶服饰规模化、市场化创业发展之路，顺应时代潮流，激发非遗活力，助力乡村振兴。

图 5-10　正在纺织的白裤瑶老人　曾蓉 摄

图 5-11　白裤瑶服饰花纹　曾蓉 摄

二、南丹风光

地处云贵高原向广西盆地的过渡地带，南丹是广西少有的高原山地地形，在大自然的伟力的塑造下自成阶梯。

位于南丹县芒场镇的云观天和巴平梯田，是南丹地理特色的两大代表。云观天总面积 7010 亩，其中核心区面积 2510 亩，拓展区和辐射区 4500 亩，辐射城关、八圩等乡镇。

云观天充分利用巴平洼地梯田、拉希湿地公园、独特的少数民族风情、油茶花海等元素，建设白裤瑶大健康扶贫产业园，成为一个集油茶良种繁育、标准化种植、林药间种、产品加工、展示体验、科研培训、产业扶贫于一体的现代特色林业示范区。

云观天

很难想象在夏天，特别是七月酷暑的时候，可以选择“凉爽”这个词去形容一个地方。但事实就是如此，南丹独特的地势和海拔造就了独特的生态气候，不仅夏季凉爽，甚至冬季有降雪。

云顶观景台为景区最高峰的主观景台顶楼，海拔约 1118m。站在楼顶，可见群山奔伏，白云翻滚，日出时云海绵绵，金光满天，令人豪气顿生，淫雨霏霏时云雾缭绕，山掩轻纱，朦胧如烟。从观景台看远处山坡，坡上有一条条绿环，这些绿环正是一株株低矮的灌木——油茶。

图 5-12　云观天服务区　文艳楠 摄

图 5-13 云观天观景台 文艳楠 摄

图 5-14 云观天油茶种植区 文艳楠 摄

油茶种植是当地特色农产业。这里的油茶结果之后进行采摘，采用特色二氧化碳萃取技艺，加工油茶产品。

油茶采摘只能人工进行。每逢油茶成熟季节，周边村民便来此采摘油茶果。

油茶果经过采摘后，就集中送往云水谷山茶油产品加工中心，经过一系列深加工后，制成洗发水、沐浴露、洗衣液等日化产品和食用油、糖果等食品。

图 5-15 油茶果实 文艳楠 摄

图 5-16 脱壳后的油茶籽 文艳楠 摄

图 5-17 绿水青山就是金山银山 文艳楠 摄

巴平梯田

巴平万亩梯田风光景区地处黔桂大通道二级路旁，和贵州独山、荔波县交界，六河高速贯穿腹地，距离南丹县城25公里。沿途道路曲折，绿意如浪，到山顶后，风光尽显。每个来到这里的人，都能感受到最纯粹的自然美和人类勤劳智慧的融合所带来的感官上的冲击。站在万亩梯田高处，才能真正的领略到这万亩有多大多美。在一望无际的平原下，眼前被绿意包围。不难想象在丰收的时节，这金色的稻浪会有多壮观。在稻田中间，细细看去，还有用不同颜色水稻所拼出的“字”，“农业强国”。这里每年都有巴平稻田艺术画，通过种植品种和生长期不同的水稻，最后在高处，你将看见由农作物拼成的稻田画。从 2015 年至今，每年的稻田画也各不相同，富含时代印记和独特的民族风情。

这里的梯田也并非单纯为了观光而打造，它们都是住在这里的农户自己种植的，到了收获时节，会将这些水稻收割，然后加工售卖。这里的米叫做“南丹巴平米”，是农业农村部认证的地理标志农产品。

图 5-18 巴平梯田 文艳楠 摄

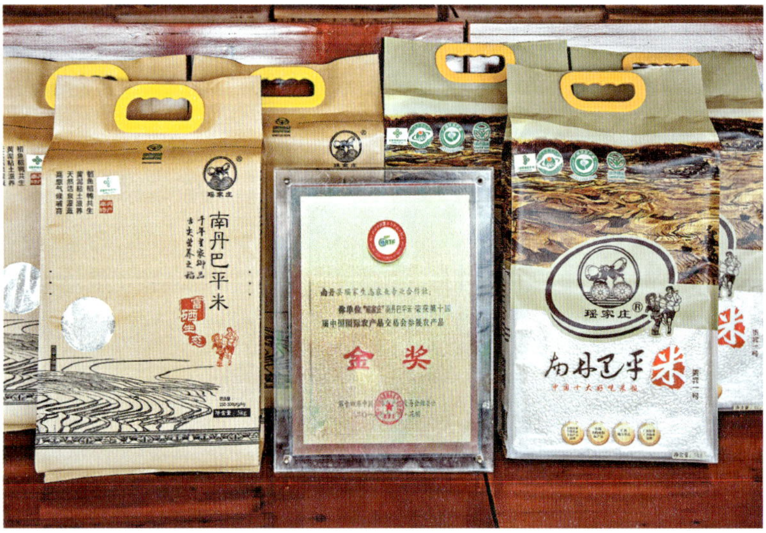

图 5-19 部分南丹巴平米产品和奖项 文艳楠 摄

拉希湿地

拉希湿地公园是“溶洞——森林——库塘”复合湿地生态系统的典型代表，以大面积水体景观为主，周围有群山环抱，山清水秀，湖面幽深，湖光与山色融为一体。

凭栏远望，微波平和，一片青山镶嵌在水里，水在缓缓地流动，去往人们目光难以抵达的地方。如果天空放晴，这里会焕发出更明媚的容光，在这里，可以静静聆听远方传来的声音。

图 5-20　拉希湿地　文艳楠 摄

三、标杆产业

丹泉酒业

“洞天酒海”景区位于南丹县城东南部，该景区于 2004 年开工建设，历时十年建成。酒洞总投资约 4 亿元，开发建设面积 13.3 万平米，藏酒 8.5 万吨，被吉尼斯世界纪录认证为“世界上最大的天然藏酒洞”，正可谓“十里洞藏，丹泉飘香；一山酒气，天下无双”。

南丹洞天酒海景区是在天然溶洞基础上开工建设而成，内藏 8.5 万吨原浆酒。洞内常年温度 16-17℃，湿度 80%-95%，是藏酒的最佳条件。洞藏酒与喀斯特溶洞的混搭，让自然景观与人文景观融为一体。整个丹泉酒业旅游景区将打造为由可视酒厂、藏酒洞、丹泉湖主题公园、丹泉文化广场和酒文化城五大板块组成的独特酒文化主题复合型休闲旅游板块。

酒厂内有三层工业加工区，已基本实现半自动化。一层为发酵区，窖池采用硅石砌制，耐酸保湿，有利于酿酒有益微生物菌群的生长繁殖和酒醅发酵代谢；二层为高温馏酒区，通过高温将易挥发的有害物质更多地挥发掉，使得酒体香气浓郁、口感柔和；三层为上甑摊晾区，通过智能化系统模拟人工操作，机械保持恒温，使得拌曲等操作均匀，达到“轻、松、薄、匀、准、平”的要求。景区内员工多为当地居民，通过工业旅游和产品深加工，不仅带动了当地经济的发展，还为当地居民就业提供了一条新路线。

洞天酒海让人们看到了一条全新的工业旅游项目赛道。大企业通过对当地风俗文化的挖掘探索，寻找到最适合的项目，进行投资，拉动当地经济发展的同时，也带动了当地居民就业，缓解了就业压力。在丹泉洞天酒海，传统酒文化通过现代工艺的精简，加工，创新，被赋予这个时代的崭新魅力。洞天酒海不仅传承了中华五千年的酒文化，也对当地经济做出了不可磨灭的贡献。

洞天酒海的藏酒窟前，有一条笔直的长廊，它与几栋建筑组合在一起。长廊起点是刻着“中华酒道”四个字的石门，门前的两棵迎客松在欢迎游客的到来。长廊向人们展示了酿酒所需成分：环境、微生物、水源、原料、酒曲、工艺传承。还有“白酒九问”的展示栏，向大家解释了常见的白酒相关问题，寓教于乐。

图 5-21 丹泉洞天入口 罗钰雨 摄

图 5-22　酒厂一角　罗钰雨 摄

图 5-23　煮粮食的工人　罗钰雨 摄

图 5-24 刚酿好的新酒 罗钰雨 摄

图 5-25 中华酒道 罗钰雨 摄

洞天酒境外观如同一个最标准的白酒酒瓶上端，相当有趣。酒境向人们介绍了一系列酿酒所需工艺：润粮、蒸煮、摊晾、拌曲、堆积发酵、入窖池、窖池发酵、出窖、上甑、蒸馏摘酒、出甑、摊晒七次循环，最后摘酒入库，并且还有简易生产线和酿制白酒所需原材料供游客参观。

图 5-26　丹泉酒塑　罗钰雨 摄

洞天酒海

还未走到酒洞，醇厚的酒香就已然弥漫在空气中，而这个味道将伴随你接下来的整个行程。

进入洞中，最先迎接人们的便是状元酒。状元酒订单来自全国各地，每逢高考结束，开办升学宴时此酒很受欢迎。

长达 170 米的洞中走廊——饮者留名，两侧展示着古往今来诸多与酒结缘的名人轶事，让人不自觉停下脚步，去观看这些不得不说的故事。

来到天成酒窖，眼前豁然开朗。数千座一人高的酒坛整齐地摆放在洞内，让人目不暇接，只觉震撼。洞内天然形成的喀斯特地貌溶洞，更是为此景增添了一丝神秘色彩。一座座酒坛如同守卫在此的士兵，在看似一成不变的时间长河中，看着人来人往，守望着这片一切几乎都停滞的时空，感受着酒液缓慢的变化。

往后走，还能看见藏酒窟，每十年一窟，从 1956 年至今，至少有了 7 个藏酒窟，年份越老的酒，越是珍贵。

出洞天酒海，溺在空气中的酒味也在慢慢消失，好像刚刚在洞中的一切都是黄粱一梦。

（文字撰写：张圣鑫　黎霞）

图 5–27　洞天酒海入口　罗钰雨 摄

图 5–28　各地订购的状元酒　罗钰雨 摄

图 5-29 天成酒道 罗钰雨 摄

图 5-30 丹泉亭 罗钰雨 摄

六、碧玉天峨

——遗落人间的瑶池

天峨县地处红水河上游，云贵高原南缘，北与贵州省罗甸县隔红水河相望，是广西接壤贵州的“北大门”。

红水河穿天峨城区而过，流经县境 115 公里，造就了山清水秀、生态宜居的园林山城。

图 6-1　天峨县城一角航拍　刘文迪 摄

一、红水河奇韵

天龙大峡谷

天龙大峡谷，被誉为“中国最壮美的河谷”，它静卧在天龙大峡谷国家森林公园。

要到达山顶，需经过十一个大拐弯。汽车沿着环山公路蜿蜒行驶，逐渐深入森林腹地，景色变化无穷。山间云雾缭绕，仿佛置身仙境，低头往下望，房屋影影绰绰。

山上植被茂密，古树参天，绿色绵延阔远，山连着山，树连着树，森林覆盖率高达 96%，拥有着众多的珍稀动植物资源，是一座“浮在城市上空的原始森林公园”。

大峡谷长 15 千米，红水河如一条绸带蜿蜒在两座山峦之间。阳光下，河面波光粼粼，仿佛

图 6-2　天龙十一弯　刘文迪 摄

图 6-3　天龙大峡谷　刘文迪 摄

图 6-4　天峨采写小组在景区门口合照

一条金色的巨龙静静地躺卧其间。

清晨的天龙大峡谷仍在沉睡中。雾气在山间轻轻游荡，一缕缕随风飘散，飘散到远方。琥珀色的水面波光潋滟，白云倒影，宛如一片宁静无人的世外桃源。墨绿色的山峦此起彼伏，包裹住整条河，整片天地。东边的日出缓缓升起，金色的阳光洒在对面的山头上，与青色的山峦交相辉映，汪汪洋洋几千米水路，山高远，水潺湲，构成了一幅动人心魄的画卷。

蓝刀鱼风暴

蓝刀鱼，水中精灵。其鱼体长，扁薄，腹棱自胸鳍基部至肛门，体被中大圆鳞，薄而易脱落。体背部青灰色，腹侧银色，尾鳍边缘灰黑。

这种外观特征使得蓝刀鱼在水中游动时更具欣赏性，引得许多游客来此观看。只要舀一点饲料撒进水里，蓝刀鱼群便哄抢而上，翻腾得水花四溅，许许多多青灰色簇拥在一起，粼粼如散落的日光。

每年的 4 月至 7 月，是蓝刀鱼的产卵期。在红水河畔的老鹰岩野生蓝刀鱼网红打卡点，可以清晰地看到一群群野生蓝刀鱼在清澈见底的水中畅游。不时有潜水爱好者入水与蓝刀鱼共舞，当鱼从身边游过，带来无与伦比的绝妙感觉。

当一群蓝刀鱼在水中游动时，他们会保持一定的队形和节奏，共同进退。身体会随着水流的波动而轻轻摆动，鳍部也会随着游动的节奏轻轻拍动，宛若空游无所依，几乎没有沉重之感。不小心有人将一颗石子投进水里，他们受到惊吓，倏地转向，往别处游去。

在阳光的照耀下，蓝刀鱼的鱼鳞闪烁着银白色的光芒。

图 6-5 红水河中成群的蓝刀鱼 刘文迪 摄

二、焕彩峨乡

天峨大桥

天峨大桥横亘于红水河上，连接两岸。

大桥的两个主塔外观如天鹅纤长的颈部，赭红色的长喙，两侧的白色钢条像翅膀一样伸展，大桥宛如两只在水中引吭高歌的天鹅。这两只“天鹅”用它们伸展的羽翼搭起连接的桥梁，方便了天峨县人民，也方便了慕名来此的旅人。卡车载着丰富的农副产品，龙滩珍珠李等从这座大桥

图 6-6 河池首座城市斜拉景观大桥—天峨大桥 陈永康 摄

图 6-7 俯拍天峨大桥 覃奇隆 摄

穿过，驶向外地，驶向更远的地方。

夜幕降临时，桥上的灯就会亮起，变得炫彩起来，倒映在黝黑的湖面，成了天峨县的一个新打卡点。人们在吃完晚饭过后，三三两两漫步街道，观赏着这美丽的桥上灯光。

如今，天峨大桥成为天峨县的地标性建筑之一，如守护神般静谧地注视着这座山水小城。

天龙特大桥

天峨天龙特大桥，是目前世界最大跨度的拱桥。

天龙特大桥犹如从山峰里绵延长出，桥连峰，峰连桥，巧夺天工。

大桥于 2024 年 2 月建成，天峨县曾经发生 4.4 级地震，处于震中的天峨天龙特大桥却安然无恙。

天龙特大桥静静地卧在红水河上，将座座空寂的山岭连接起来，桥下的河水轻轻拍打着岸边，发出宁静而悠长的哗哗声。驾车从桥上驶过，桥将天空分割成两半，丛山、水面、游船，每一处风景都与特大桥恰到好处地融合在一起。

天龙特大桥实现了天峨县高速公路的全线贯通，结束了过去天峨的偏远闭塞历史。如此笔直的一座桥，像一支银箭，将天峨射入充满期望的未来。

图 6-8　航拍天龙特大桥全貌　刘文迪 摄

图 6-9 天龙特大桥 覃奇隆 摄

龙滩水电站

红水河从茫茫云贵高原奔流而来。

高筑的大坝抬升水位，奔流的河水出现了另一种样态。

红水河是一条水力资源十分丰富的河流，国家规划兴建 10 座阶梯水电站，龙滩水电站是开发方案中的第四级。龙滩水电工程是国家实施西部大开发和“西电东送”重要的标志性工程，是仅次于三峡水电站的中国第二大水电站，是广西最大的水电站。

龙滩水电站拥有三项世界之最：最高的碾压混凝土大坝，规模最大的地下厂房，提升高度最高的升船机。

龙滩水电站的设计蓄水位高达 400 米，坝高 216.5 米，坝顶长度达到 836 米，库容更是惊人的 237 亿立方米。

“今朝继禹大挥戈，浩渺龙滩锁泄河”。登上大坝右岸高山之巅的观景台，鸟瞰整个大坝，可见高山出平湖的壮阔景象。蓝天白云倒映其中，两侧山势险峻，峭壁千仞，一座三百多米高的大坝，正在等待他们的水涌出。开闸放水，激流湍急，浪花飞溅，壮丽震撼。

图 6-10 龙滩水电站正面大景 刘文迪 摄

图 6-11 龙滩水电站蓄水大景 陈永康 摄

岜暮乡红军村

岜暮乡红军村，位于都楼村纳朗屯，是天峨县的红色教育基地。这里曾涌现出大批英勇的战士，他们身先士卒，浴血奋战。

要到都楼村，须行山路。汽车行驶在蜿蜒的盘山公路上，我们的视线越抬越高，景色也变得高贵起来。

车进一处山谷，都楼村到了。村庄被大片大片高高的玉米地环抱。房子都画着彩绘。青山、土地、红军战士、百姓、劳作这几个绘画元素被推向极致，表达一种缅怀与敬意。

灰色砖头建造的红色教育基地里，详细介绍着岜暮乡百姓的英勇事迹，一座由九名战士以不同姿势塑造的雕像摆放在展馆中间。

1932 年 9 月 21 日，敌人开始入侵都楼，由于敌人不断增兵，9 月 23 日，红军第一、第二道防线支撑不住，撤退到第三道防线，9 月 24 日第四第五道防线也被敌人攻占。9 月 25 日敌人向我军发动总攻，指导员蓝志仁为保存力量，果断决定由他和黄桂德等 16 人掩护部队突围。任务完成以后，红军只剩下 9 位战士，弹尽粮绝，被敌人围困在拉号岩上，于是他们将武器毁坏，猛扑敌群，抱着敌人，从 200 多丈高的悬崖跳下，与敌人同归于尽。

红六十三团的九名指战员以视死如归的勇气抱敌跳崖，他们的英勇事迹被当地百姓广为传颂，被誉为“南有拉号岩九壮士，北有狼牙山五壮士”。这场战斗可歌可泣，后来被历史称之为“甘

图 6-12　岜暮乡红军村墙绘　陈永康 摄

图 6-13 红色教育基地内拉号岩九壮士雕像 刘文迪 摄

图 6-14 天峨县红色教育基地 覃奇隆 摄

孟战役”。

英雄已故，烈魂永驻。这些革命事迹不仅激励了一代又一代人为了理想和信仰而奋斗不息，也成为了宝贵的精神财富。如今的都楼村已被命名为“红军村”。这里的人们始终坚守着对革命先烈的敬仰之情，把这份情感绘于房屋建筑上，时刻提醒人们保护红色遗址，传承红色革命精神。

龙滩珍珠李

想吃珍珠李，请到龙滩来。

天峨县是龙滩珍珠李的种植基地。龙滩珍珠李是从野生李中培育出的新品种，因其果实圆润，色泽光亮，酷似珍珠而得名。其果肉香甜脆爽，细腻清甜，口感绝佳，被誉为“李族皇后”。

整整两个山岭，都种满了珍珠李树，那细碎的绿叶间，藏着无数颗即将成熟的果实。种植园老板指着对面一片山头说：“之前那一块，种的是百香果，现在全是珍珠李了。”顺着他指的方向看，低矮的山坡被削成了阶梯形状，珍珠李树就这样棵棵排列着。树上挂满了沉甸甸的果实，像颗粒饱满的葡萄，一眼望去翠绿中带着一片深紫。

随着季节的更迭，夏日的热情逐渐升温。珍珠李也从开花到结果，逐渐成熟。树枝上一串串深紫色的“珍珠”已覆盖一层淡淡的果霜，如同清晨露珠般晶莹剔透，暴露在阳光下，等待着甜

图 6-15　龙滩珍珠李　覃奇隆 摄

图 6-16 簇簇珍珠李 刘文迪 摄

蜜的到来。这“李中皇后”一口咬下去咔嚓脆，口感甜香，让人回味无穷。

等到八月份中旬，整座山岭上都将会是丰收的场面，整个龙滩都沉浸在一片喜庆之中，果农们哼着歌采摘成熟的珍珠李，精心分拣、包装，将这份大自然的礼物送往全国各地，让更多人能够品尝到这份来自龙滩的甜蜜。

三、扶志启智交响

东西文学馆

2023 年，作家东西（本名田代琳）凭借《回响》斩获第十一届茅盾文学奖。

天峨，是东西的家乡，这片土地深深烙印在他的文学灵魂之中。在滔滔不绝的红水河畔，在绿树掩映的老福山生态园内，东西文学馆坐落其中，它于 2023 年 11 月 28 日正式开馆。

东西文学馆是一座方形建筑，正门右侧巧妙地设计着四张翻开的半边书页，以灰色为主色调，

图 6-17　东西文学馆正门　陈永康 摄

图 6-18　东西文学馆全貌　刘文迪 摄

其上镌刻着作家东西的作品名称，《没有语言的生活》《天上的恋人》《回响》《篡改的命》，银色和金色的字错落有致地排列着。这一创意独具匠心，不管何时，当人们翻开书页，就寓意着文学有无限可能。

东西文学馆分为多个展厅。馆内以作家东西的作品命名，分九单元详细介绍作家的文学路程：从谷里生根到走出南方，走向世界。墙上的一张张图片和一段段文字，是其文学路漫漫的见证。

对于作家而言，故乡不仅是情感的归宿，更是文学创作的源泉，而作家东西的文学之根，深深扎在他的老家天峨谷里屯。如今东西的多部作品如《没有语言的生活》《回响》等，已成功跨越文学的边界，改编为电影电视剧，赢得了更广泛的观众群体。

在文学馆里的一面墙上，密密麻麻地记录着他的签约与获奖经历，其中不乏国务院特殊津贴的殊荣，以及国家高层次人才特殊支持计划领军人才的身份认证，这些都是对他卓越文学成就的肯定与赞誉。

文学馆的负一层，是河池作家馆，记录着河池作家群的辉煌历程，从中华人民共和国成立前后的第一梯队代表到“80、90、00 后”的第五梯队代表，河池作家群这张名片代代相传，在历史的进程中一次次被擦亮。

场馆内，木质的墙壁散发出清香，夹杂着书籍特有的味道。这里犹如书籍的瀚海，桌上、墙壁上、书柜上，伸手就能拿起来进入阅读的世界。白色的网纱窗帘，轻复古的桌椅，房顶吊着的图书装饰物，

图 6-19 天峨采写小组在东西文学馆前合照

包裹着在书籍里畅游的阅读爱好者。硕大的落地窗外是无尽的山峦起伏，绿色摇曳。这栋坐落在山之巅的小楼，托举起文学走向更高，更远的地方。

东西文学馆已成为天峨、河池乃至广西的一个新的“文学地标”，河池这片文学的热土将会不断冒出更多的写作人才。

蚂拐节

青蛙，在红水河流域壮族地区称作蚂拐，并被人们尊为神灵。

壮族是稻作民族，以稻谷为主粮。蚂拐以稻田中的害虫为食，是稻谷害虫的天敌。壮族民间有谚：蚂拐叫，雷雨到。因此，蚂拐被传为是雷神之子。壮民族相信，通过祭祀蚂拐，可求得风调雨顺、五谷丰登、人畜兴旺。蚂拐节由此诞生。

在桂西的红水河畔，每到正月的蚂拐节时壮族人都沉醉在古老的蚂拐歌和喜庆的铜鼓声中。相传，蚂拐女神是雷王的女儿，掌管雨水，使大地风调雨顺。相传，古时候红水河畔有个姓李的老人大年初一去挑仙水，一只蚂拐跳进了桶里，七七四十九天后，蚂拐变成了一位高大的后生，他勤劳善良，和老人一起劳动。他走到哪个村寨，那个村寨的稻谷就丰收，人们都很喜爱他。有一年，番兵入侵，皇帝张榜求贤，蚂拐揭榜，带兵去保家卫国，被封为蚂拐大将军。打败番兵后，蚂拐班师回朝，被封为元帅，并招为驸马，住在宫中。皇后嫌弃蚂拐的外衣蚂拐皮难看，在一日

图 6-20　蚂拐舞表演现场

图 6-21 供奉蚂拐像 覃奇隆 摄

午睡时，趁着蚂拐熟睡，抱着他的衣服丢进火堆里烧了。蚂拐由此失去了生命，化为一缕青烟飘上了天空。皇后很后悔，皇帝也很伤心，命令厚葬蚂拐将军，消息传到村庄，人们悲痛欲绝，做好轿子迎接蚂拐的灵柩归来，装进轿子，在各村寨游行，并举行隆重的安葬及祭祀仪式。后来，人间又得到蚂拐的保佑，风调雨顺。从此，天峨六排、岜暮的壮族村庄每年正月都要举行蚂拐节活动，跳蚂拐舞，祭祀蚂拐将军，祈求风调雨顺，国泰民安。

蚂拐节一般在农历正月初一开始，人们敲着铜鼓成群结队地去田里寻找冬眠的青蛙，将其放进花轿中，抬着青蛙游村，向每家每户贺喜，然后葬青蛙。唱蚂拐歌贯穿了整个蚂拐节活动各个环节，人们戴着各式各样的面具在“蚂拐郎”的带领下相互嬉戏祝福，女人们跳起了插秧舞，除此之外，还有耕牛耙田舞、水中捕鱼舞、丰收庆贺舞等。

跳蚂拐舞是壮族蚂拐节的重要环节。青壮年穿

图 6-22 蚂拐舞所用面具 陈永康 摄

着色彩斑斓的民族服饰，模仿蚂拐的跳跃和姿态，在表演过程中不断你推我搡，上演打斗场景，让人忍俊不禁。2006 年 5 月，壮族蚂拐节列入第一批国家级非物质文化遗产保护名录。

幸福家园

天峨县易地搬迁长安家园安置点是天峨县在脱贫攻坚过程中，为了从根本上解决群众的贫困问题而建设的易地扶贫搬迁集中安置点。安置点占地面积约合 600 亩，安置搬迁群众 1702 户，基本实现“搬得出、稳得住、有发展、能致富”的目标。

安置点引进了板栗加工、丝花加工、服装制造三家“就业帮扶车间”企业，带动 400 多人家门口就业。

制衣厂里，脱贫户群众在各自的岗位上忙碌着，双手灵活敏捷，轻巧地调节纱线的张力，确保缝纫机上的每一根线都能匀称而紧密地缝在布料上，他们迅速接过即将用完的线筒，又换上新的。工人们的脸上洋溢着专注与执着。他们有的操作缝纫机，将一块块布料缝起来，有的则负责裁剪、

图 6-23　长安家园全貌　陈永康 摄

图 6-24 扶贫车间制衣工人 陈永康 摄

熨烫衣物等程序，工厂主要生产防护服、学校校服等服装产品，为移民提供了更多的就业岗位，促进了易地搬迁群众就近就地就业。

政府积极探索产业发展路径，因地制宜和精准对接，使得搬迁群众能有更多的获得感、幸福感和安全感。

回望这片土地，我们仍感慨于它的美丽与韵味，更感慨于天峨人民自强不息、艰苦奋斗的卓越精神。珍珠李的清甜，天龙大峡谷的奇美，红水河畔的宁静，龙滩水电站的壮观……这些交织在一起，便成了天峨水的柔情，山的刚毅，书写着光辉璀璨的明天。

（文字撰写：韦佳佳　陈惠楠）

图6-25 红水河边嬉水居民 刘文迪 摄

七、红色东兰

——农民运动的发祥地

东兰县，古称文兰峒（土名木兰峒），位于云贵高原南缘，红水河蜿蜒流经县境。东兰县历史悠久，资源丰富，素有将军之乡、长寿之乡、铜鼓之乡、板栗之乡等美称。

红水河第一湾 覃椿惠 摄

图 7-1 东兰县政府办公大楼 李可鑫 摄

一、红色起源

韦拔群烈士故居

韦拔群，一个令人崇敬的名字！他是中国农民革命运动三大领袖之一，被毛泽东主席称赞为“读了半本马列主义，红了半个中国”。

1894 年，韦拔群出生在东兰县武篆镇东里村一个富裕的壮族家庭里。韦拔群的家早前已被反动派烧毁，现故居建于大革命时期的旧屋遗址上。（如图 7-2）

韦拔群烈士故居分前后两幢泥砖瓦房。前屋为一幢内立四排屋架，是当年韦拔群接待革命同志、召集农军开会的地方。后屋为韦拔群一家生活起居室。

屋前有松柏，树下有一排整齐的墓群，那是韦拔群亲属烈士群墓。韦拔群全家十座墓，共十七人为革命献出生命。（如图 7-3）

刚进门即有一玄关，玄关前摆有一张台，桌台上方挂有孙中山和马克思等人的头像。大门内侧两边的墙面上，横展着邓小平、张云逸的题字。1962 年 12 月，为纪念韦拔群牺牲 30 周年，

图 7-2　韦拔群烈士故居　李可鑫 摄

邓小平同志写下了这样的题词：“韦拔群同志以他的一生献给了党和人民解放的事业，最后献出了他的生命……”

故居的前屋四壁是图画和史料，展示韦拔群烈士从出生到牺牲的英勇事迹。

韦拔群的事迹在当时就倍受追捧，有民歌将其传唱：

天上有颗北斗星，东兰有个韦拔群。
北斗星星照大地，拔群哥哥为人民。
启明星子带福兆，革命带来好福音。
天上有颗北斗星，东兰有个韦拔群。
北帝岩里办农所，魁星楼下立农军。
北斗星星照大地，拔群哥哥为人民。

图 7-3　韦拔群亲属烈士墓群　李可鑫 摄

香刷洞

香刷洞，是韦拔群同志的牺牲地，位于东兰县西南部（今属巴马瑶族自治县西山乡弄烈村）。

沿着石阶向上走，道路一旁的山石上刻有一幅又一幅关于韦拔群革命口号的石刻。鲜红的字体与翠绿的竹叶相互映衬，正契合东兰“红色东兰，绿色崛起”的旅游品牌形象。

图 7-4 香刷洞洞口 1（资料照片） 中共东兰县委员会宣传部 提供

图 7-5 香刷洞洞口 2（资料照片） 中共东兰县委员会宣传部 提供

目光顺着山上望去，有左右两条石阶通向上方。它们中间出现一个大约十米宽、五米高的开阔空间，韦拔群塑像就好像从里面走出来一样，向右前方挥舞着手，仿佛大家日思夜想的人民英雄就在眼前。

图 7-6 瞭望台 李可鑫 摄

走上阶梯来到香刷洞，只见一个黑漆漆的洞口通向下方，洞口高出地面约 40 米，洞深约 30 米，宽约 4 米。壮族先民因洞口形似“香刷”，而把洞取名为“香刷洞”。

图 7-7 绿芽新生 张晴然 摄

进入洞内，里面又黑又冷。地面上有很多碎石和一些破碎的铁罐，几块小木板凌乱地摆放着，环境孤冷凄清，好似孟郊诗中“冷露滴梦破，峭风梳骨寒”的情景。

从四面八方过来的人们缅怀着韦拔群，一丛又一丛菊花摆放在香刷洞洞口前。花已经枯萎了，呈干枯低垂状态。但是，仔细观察枯萎的花丛，里面竟然还有一支嫩芽在继续生长。这嫩芽是青色的、形态纤柔小巧，长得比菊花还高出一截。英雄拔哥虽已牺牲，但他所追求的革命真理还在不停地生长和发展。（如图 7-7）

列宁岩

列宁岩（旧称北帝岩）位于东兰县武篆镇巴学村拉甲山山腰上。民国十九年（1930 年）2 月，红七军军长张云逸提议，经东兰县苏维埃政府讨论通过，决定将“北帝岩”改名为“列宁岩”。

刚进入洞中，就有一股清爽的凉风吹来，让人感受到它的阔大。岩洞中央为课堂，课堂前方是讲台，课堂两边为学员宿舍，讲台后面是教员宿舍和农讲所食堂。岩洞内还设有学员阅览室、俱乐部、橱窗宣传栏。（如图 7-8）

列宁岩洞口两侧是韦拔群亲自拟的革命口号：“要革命的站拢来，不革命的走开去”。洞内讲台两侧对联“快乐事业，莫如革命”、“土豪劣绅把人民当盘中餐，劳苦大众将豪绅作枪口靶”，以及讲台上方“团结、互助、奋斗、牺牲”的校训，字里行间流露出韦拔群炽热的革命思想和鲜明的革命态度。（如图 7-9）

抚今追昔，饮水思源。如今的列宁岩里，有许多游客前来参观，共同缅怀那段艰辛、热烈、光大而神圣的历史，体味英雄拔哥“快乐事业”的真正含义。

图 7-8　列宁岩洞内全景　李可鑫 摄

图 7-9 演讲台 李可鑫 摄

魁星楼

魁星楼位于东兰县武篆镇政府北门。1923 年至 1930 年间，该楼曾作为韦拔群组织农民攻打东兰县城时的指挥部、东兰县革命委员会和武篆区农民协会办公地。此处也曾为时任红七军前敌书记（后兼任政委）邓小平和军长张云逸办公和住宿地。（如图 7-10）

魁星楼共有 4 层，由一个楼梯连接各楼层，单次只能容纳一个人上下楼。第二层房间为“中共红七军前委会议室”。第三层摆放着一套桌椅和两张床，空间显得局促，曾是邓小平和张云逸等人休息的地方。顶层是一个瞭望台，它的四周都有墙壁，可以利用窗口的窗眼隐蔽地进行观察，每一处瞭望眼都对应着魁星楼附近的一个路口。

如今，许多人来到魁星楼前，接受党的革命教育，追忆当年邓小平同志、韦拔群同志等人在魁星楼上领导左右江革命根据地人民开展武装斗争的光辉岁月。

图 7-10　魁星楼全景　李可鑫 摄

图 7-11　魁星楼入口　张晴然 摄

二、壮乡印象

壮乡英雄文化园

壮乡英雄文化园位于东兰县三石镇弄英村，距东兰县城 17 公里。文化园广场十分开阔，两旁花草植被肃穆整齐，天空蔚蓝如洗，远处山峰巍峨壮丽。（如图 7-12）

图 7-12 壮乡英雄文化园全景 张晴然 摄

广场中央矗立着开国上将韦国清铜像，高五米。他穿着一身整洁的中山装，面容和蔼，手作鼓掌状，祥和地看向前方。（如图 7-13）

图 7-13 韦国清铜像 李可鑫 摄

距离壮乡英雄文化园不远处便是韦国清故居。其楼层为木质结构，共有两层，阶梯从屋外直通第二层。（如图 7-14）

和韦拔群故居的构造不同，韦国清一家三代都居住在第二层，而第一层用作仓库和圈养牲畜。可以看出，韦国清小时候家里并不富裕。他们一家居住在弄英村。“弄英”，在壮语里就是“野猫窝”的意思。

图 7-14　韦国清故居　张晴然 摄

韦国清早年受到韦拔群等人的影响参加革命。后来，跟随红军参加万里长征，在抗日战争和解放战争中指挥军队作战。他英勇顽强，屡建奇功，被战友亲切地称为“小诸葛”。建国后，他担任多个重要的党、政、军领导，成为壮乡儿女学习的榜样。

东兰烈士陵园

东兰烈士陵园雄居于东兰县城西部，占地面积62097.5平方米，建筑面积29844.6平方米。它原建于东兰中学校园内，始称“韦拔群烈士陵园”，1956年迁建于现址，更名为“东兰烈士陵园”。

革命英雄纪念塔高20米，塔身四面刻有张云逸大将题写的“革命烈士纪念塔”7个鲜红大字。（如图7-16）

塔正前方设三个平台、三段阶梯、三十二级台阶，三段阶梯分别由9级、12级和11级台阶组成，代表百色起义纪念日1929年12月11日，寓意革命精神永垂不朽。从下往上看，纪念塔大体呈两边对称，塔身上方中间有一颗红星，纪念塔四周皆是用汉白玉石做成的围栏，整个纪念塔宏伟大气。

在纪念塔身后，有着东兰籍革命烈士英名录，里面还记载了一些外籍革命烈士，总共有2149人。每一个名字的背后都是一个个为国捐躯的革命英雄。

铭记园实则是一片石林，里面有邓小平、迟浩田等党和国家领导给韦拔群题的词，数量众多，且每一块石头各不相同。中间最高的一块石碑上刻有“韦拔群烈士永垂不朽”的正楷红字，它出自国家文化部原副部长仲秋元之手。（如图7-17）

图 7-15　东兰烈士陵园入口　李可鑫 摄

图 7-16　革命烈士纪念塔　张晴然 摄

图 7-17　铭记园　覃椿惠 摄

从东兰县城街道边的另一个入口登上 130 多级台阶，就能看到耸立在广场中央的一座气魄雄伟、栩栩如生的农民革命军战斗群雕。群雕形象地再现了当年东兰农民革命军三打东兰城的壮烈场景。

雕像上，一位革命领导者冲锋在前，一脚踩着象征封建官僚主义的石狮子塑像，右手高高举起“盒子”手枪，左手作拳头状向正前方冲击。雕像左侧，两个农民大踏步往前冲锋、一名战士招手激励后面的同志。右侧也有两名同志赴身前进、一名青年正奋力投掷手榴弹。他们之中，一面红旗挥舞向前，整个雕塑极具视觉冲击力。（如图 7-18）

图 7-18　广场中央的革命雕像　李可鑫 摄

拔群广场左右两侧各竖立着六面铜鼓，地面以红色石板构成主体颜色，显示出东兰作为广西农民运动发源地“红”的历史基调和当地别具一格的民族风采。

沿着红色的石板一直走到尽头，就是韦拔群纪念馆。

纪念馆门口正上方“韦拔群纪念馆”6 个大字，金光闪闪，熠熠生辉。（如图 7-19）

图 7-19 拔群广场全景 李可鑫 摄

国旗后面各有两排横向种植的刺柏，共十二棵。它们簇拥在纪念馆前排，像极了一支整齐排列的仪仗队。

蓝墨色的外墙玻璃与象白色的建筑外墙互相搭配，显得庄重大气。纪念馆中间主体建筑略高，两边稍低的结构，形成了主次分明、富有层次感的建筑风格。这些红色建筑成为了东兰县一道亮眼的风景线。

东兰县劳动小学

东兰县劳动小学是一块红色福地。1926 年韦拔群曾带领农军打下东兰城，在这里设立县农会办公室。1929 年，韦拔群等领导人，在此建立“苏维埃政府”。几个月后，红七军第三纵队指挥部设立在这里，指挥前线战斗。1930 年 4 月，邓小平第一次走进东兰，在操场上面对着一千多名革命群众和同志进行革命演讲。

图 7-20 劳动小学 李可鑫 摄

如今，东兰县劳动小学的规模比原来扩大了很多，旧址还保留着，是教学建筑中的一部分。旧址门前有两个大石墩，形状像两个石鼓。走进旧址房屋，需跨过一道门槛。房屋总体为四合庭院式砖木瓦结构，里面分有多个小房间，如今都作教学用途。（如图 7-20）

东兰县劳动小学被列为“全国百所名校”之一。在这里读书的学生们，时刻沐浴在革命先辈们的红色荣光里，从小学先锋，长大做先锋，源源不断地积攒红色力量，将红色基因传播到全国各地。

红水河第一湾

红水河第一湾位于三石镇板文村境内，素有“碧水青峰玉指环，天上人间第一湾”的美誉。（如图 7-21）

河水先由北入湾，撞击岩崖后迂回向东，再折曲向北奔去，形成一个“U”字形大峡谷，其河道狭窄，却又很长，全长共四公里。

河湾形似寿龟凫水。两岸高耸的山峰直插云天，与水面落差数百米，岸沿十分陡峭。峡谷间云雾缭绕，不仅在壮美雄浑之中透出灵动，更会在晨曦过后凝结成宛如白练般的云雾。河湾两旁青山对望，群峰连绵起伏，云雾缠腰，悬挂在岸崖上突兀嶙峋的大石块时隐时现。四面群山好似郁郁葱葱的山海，红水河便是海里的湾流，令人瞩目。

图 7-21　红水河第一湾　李可鑫 摄

神仙山

神仙山，海拔 1088 米，东兰县第一高峰。登上顶峰的高台，仿佛来到了“五岳之尊”的泰山。“会当凌绝顶，一览众山小”，一条条山脉重叠交织，由近及远，直至蔚蓝的天边，犹如绿色海洋里翻腾的波浪，连绵起伏，奔涌不绝。（如图 7-22）

图 7-22 神仙山晚霞 覃椿惠 摄

坡豪湖

坡豪湖在长乐镇南五公里处。在岩滩大坝尚未闸水之前，这里是一片田地，而如今已经形成了大片的湖面，水域面积达到 83.8 平方公里。

落日余晖下，周围慢慢变得灰黑，湖面映上金黄的倒影。这里游客很少，唯见一个家庭正在聚会，他们烧烤、野炊，脸上洋溢着热情的笑容。走到岸边，只见几座小桥倒映在水库里，天上归鸟匆匆飞去，山间雾色朦胧，湖水皱起皱平，鱼儿跃出水面，响声零落倏然，传递出独属于黄昏下坡豪湖的空阔宁寂。（如图 7-23）

图 7-23 坡豪湖晚霞 张晴然 摄

泗孟田园

泗孟，壮语寓意为“四季都好看的地方”。

泗孟田园，位于东兰县西北部的泗孟乡。（如图 7-24）

图 7-24 泗孟田园全景 李可鑫 摄

观景台上有一座中式瞭望塔，共有两层，阶梯以石板铺就。第一层有一个拱形窗台宽 116 厘米、高 142 厘米。从这里观景，可以看到一个如梦如幻的城堡式田园景色。（如图 7-25）

从观景台上往下看，四周都是山峰，山壁是灰色的岩石。层层叠叠的山中恰当地点缀一蓬蓬绿树。山间雾气蒸腾，与天相连，好似披着一层薄纱。左边山峰笔挺，雾气从下往上升。零星几座村舍点缀，白墙黑瓦间炊烟升起，同雾气互相缠绕，最后融为一体。放眼望去，梯田尽收眼底，黄绿相间的田块很有层次感，中间贯穿一条人工水渠，石山清泉涌入其中，灌溉整个田园。

图 7-25 泗孟田园观景台 覃椿惠 摄

东兰民间铜鼓收藏馆

东兰民间铜鼓收藏馆是东兰铜鼓文化的集中展示地，场馆占地面积 240 平方米，总建筑面积约 5000 平方米。（如图 7-26）

铜鼓在壮语里称为“咽”，原意为“听”、“听见”、“可传音”。说明壮族的先人对铜鼓的认知是从声音开始的。每面铜鼓所能发出的声音是不一样的，这是由于铜鼓的制作过程具有不可复制性。

铜鼓是由铜和少量锡、铁等金属元素按照不同比例混合后制成的薄片，且每次用量和比例均不一样，同时加工环境的温度、湿度等也会影响铜鼓的发声效果，这造就了每一面铜鼓的独一无二，故人们常说世界上没有一模一样的两面铜鼓。

这里收藏的东兰铜鼓不仅年代久远，而且制作精良。展馆内，每面铜鼓的造型都不尽相同，其中“许愿祈福天将煞咒鼓（十一）”令人印象深刻。一只金猴脚踏倾斜的炼丹炉，身上驾着一口大铜鼓，手持金箍棒，整个身体在空中腾飞，似乎想再来一场“大闹天宫”。（如图 7-27）

东兰，不愧为“铜鼓之乡”。其所藏的铜鼓，无论是数量，还是种类，都令人称奇。

图 7-26　东兰民间铜鼓收藏馆　李可鑫 摄　图 7-27　许愿祈福天将煞咒鼓 李可鑫 摄

三、产业振兴

东兰县墨米酒厂

墨米酒厂位于东兰县隘洞镇香河村平坎屯。

东兰民间有句俗语："得吃墨米饭，三日嘴还香；得吃墨米酒，连杯也想咬。"这醇馥幽郁的甘汁玉浆，承载着一代代人的回忆。发源于世界长寿地带的东兰墨米酒就像一颗镶嵌在这块福地上的珍珠，为"长寿东兰"做了最为生动的注解。

酒厂老师傅说："墨米是东兰的特产，和大米混种，其产量非常少，收购价格比较高。"墨米壮话叫"候墨"。据《本草纲目》及古籍药典记载，墨米有滋阴补肾、健脾温肝、益气补血等功效。

图 7-28　墨米酒藏酒室　李可鑫 摄

万亩油茶产业种植基地

东兰县的惠民产业众多，东兰县长江镇万亩油茶产业种植基地是乡村振兴工程的重要项目之一。

沿着盘山公路来到油茶种植基地。在这里，夏季的太阳光和油茶树反射出来的光都很耀眼。

油茶树沿山坡种植，一眼望去一片墨绿，很是壮观。树上挂满了油茶果，它们长得很像未成熟的番石榴，绿绿的，不过也有成熟的油茶果，外表红彤彤的。（如图 7-29）

现如今，万亩油茶产业种植基地是以政府主导、脱贫户参与、合作社统一销售的模式经营，总种植面积达 1.25 万亩，面积和销量还在不断增长，预计年产值可达 4000 万元，产业振兴成效显著。

图 7-29 成熟的油茶果 张晴然 摄

东兰麻鸭繁育基地

东兰麻鸭在当地已有上百年的养殖历史，主要为自然散养，其肉质清香沁鼻。东兰人民喜欢把麻鸭做成白切鸭，以品尝其原生肉质。

现如今，繁育基地采用“政府引导 + 公司合作 + 集体投入 + 基地带动 + 农户养殖”的模式，形成一条从育种、孵化、育雏、养殖、销售、物流一体化的成熟麻鸭产业链。利用孵化技术优势，每年发放鸭苗给脱贫户代养，带动当地群众致富发展，每年出栏肉鸭 30 万羽，年销售额达 2100 万元，巩固脱贫成果显著。

图 7-30　东兰麻鸭　覃椿惠 摄

东兰的变化向我们传达着在这片土地上由劳动人民续写的壮歌。东兰县在保护和传承红色文化的同时，也在积极探索绿色发展、产业振兴的新路径，努力实现经济、社会和生态的高质量发展。

（文字撰写：卢柯宏　梁务乐）

八、长寿巴马

——谧静祥和的康养圣地

巴马瑶族自治县，原名万冈县。因地理环境和气候的特殊作用，这里自然形成了独特的长寿带，百岁老人占当地总人口的比例居世界五个长寿区之首，被国际自然医学会认定为“世界第五个长寿之乡”，有“上天遗落人间的一块净土”的赞誉。2010 年，时任国务院总理的温家宝莅临巴马，题写了“山清水秀生态美，人杰地灵气象新”的对联，给予巴马生态环境高度评价。

图 8-1　巴马县城仁寿广场寿字雕塑　李可鑫 摄

一、长寿之源

长寿博物馆

巴马长寿博物馆，位于广西壮族自治区巴马县城东体育广场旁。博物馆占地约 10 亩，建设面积约 7000 平方米。场馆设计围绕“和谐长寿”主题，以“寿文化”为主要题材，旨在反映巴马山川、风物、民情。（如图 8-2）

图 8-2 长寿博物馆 巴马融媒体中心 提供

在博物馆中展示有瑶锦（如图 8-3），一种瑶族的传统服饰。“瑶锦”在瑶语中叫“哈西”，在瑶族的习俗里，瑶族姑娘每一年都至少要做一套新的瑶锦以便在重大节日能穿戴出去，若是还用往年的旧瑶锦就会被认为不勤劳、懒惰。

图 8-3 瑶锦 张晴然 摄

仁寿源山庄

仁寿源，“仙人”邓诚才故居，巴马极具代表性的人文景点。

邓诚才，1802 年生于今巴马瑶族自治县那桃乡平林村敢烟屯，1928 年无疾而终，享年 126 岁，是巴马瑶族自治县那桃乡平林村敢烟屯的著名人物。

他少年时受过私塾教育，勤于习武，后来被朝廷招募从军，为军中之最长者。其武艺高强，屡立战功。1887 年，85 岁高龄的邓诚才老人告老还乡。光绪皇帝为了旌表古稀老人的仁德范举，亲笔书写“惟仁者寿”四个大字；戊戌年冬月（1898 年 11 月），光绪皇帝钦命广西提督府为邓诚才老人题赠“惟仁者寿”的寿匾。（如图 8-5）

在仁寿源景区中，瑶族同胞的簸箕宴是这里的一大特色。（如图 8-6）

宴会上，瑶族同胞会举行“高山流水”敬酒礼。歌声不断酒不停，美丽的瑶族姑娘，一边唱着山歌，一边把盛满酒的大碗放在客人嘴里，酒壶从高处倒至碗里，如高山流水般，直接流入客人嘴里。（如图 8-7）

簸箕宴罢，瑶族篝火晚会的开场，再次将现场气氛点燃。

在瑶族人观念中，火是光明的象征，过火炼能使人的灵魂变得纯洁和高尚，人经过火的洗礼，净化灵魂、消灾祛难、将来的人生路就会一生平安。（如图 8-8）

图 8-4 仁寿山庄入口 张晴然 摄

图 8-5 惟仁者寿牌匾 李可鑫 摄

图 8-6 瑶族簸箕宴 李可鑫 摄

图 8-7 “高山流水”敬酒礼 李可鑫 摄

图 8-8　篝火表演　李可鑫 摄

长寿村

长寿村沿着盘阳河的支流而建，通过巴磐桥就能来到长寿村主干道，沿途的小商小贩几乎都是年过 80 的老人。整个村庄群山环绕，绿茵如被，空气清新，常常山雾弥漫，如入仙境。（如图 8-9）

在村子里，随处可见九十岁以上的长寿老人。

104 岁高龄的黄卜周老人，白发白须，给人的第一印象——仙风道骨。老人和蔼可亲，平易近人，笑起来很温暖。他年轻时在村里挖草药、卖药酒，顺其自然地生活，现在五代同堂、其乐融融，老人笑呵呵的，仿佛《射雕英雄传》中地老顽童一般。（如图 8-10）

黄甫向，一位卖草药的老人，现年 97 岁。老人有自己的养生秘诀。他说，他平时一天就吃两顿左右，每次主食只吃一抓（一两左右）；日常主要是喝山里的泉水。他心态平和，仿佛看透世事，总是笑眯眯的。除了摆摊，平时也做一些力所能及的家务，也抽点烟，喝点小酒。虽然已近百岁，除了耳朵有点听不清楚外，身体依然很好。（如图 8-11）

图 8-9 长寿村外景 张晴然 摄

巴马老人，宛如洞明世事的智者。他们虽历经沧桑，却精神矍铄。面容上刻满岁月的痕迹，却洋溢着平和与从容。他们生活质朴，热爱劳动，在山水间演绎着生命的坚韧。他们心态豁达，乐观积极，以宁静之心面对生活的波澜，展现出一种历经岁月沉淀后的独特风貌，仿佛在他们的生活中从来没有经历过什么苦难。巴马老人，用他们的存在告诉世人，生命可以如此质朴而绚烂，他们是岁月的宝藏，是人类精神的丰碑。

图 8-10 黄卜周老人和外孙 张晴然 摄

图 8-11 巴马采写小组与黄甫向聊天 李可鑫 摄

二、长寿之境

百魔洞

百魔洞，广西最为壮观的石灰岩溶洞。

洞中最热闹的地方就是磁疗区。这里因为地磁强度高，能够影响人的身体机能，所以成为了理想的疗养之地。于是这里出现了很多“候鸟人”。他们每年冬天飞到巴马，夏天再飞回家乡。

“候鸟人”主要分为两类：一种是身患疾病的人，想来这里治病；另一种则觉得这里是康养之地，寻到此处养生。在这里，有人打坐、有人冥想、有人看书、有人睡觉……他们来到这里不是为了游览山水风景，而是为了寻求治愈和延年益寿的良方。（如图 8-12）

过了热闹的磁疗区，便是一个巨大的自然天窗，一颗神似灵芝的巨大石块开了一个缺口。传说这里曾经洪水泛滥，“孔雀”为了解救村民，用自己的身躯把泛滥口堵住，因而“孔雀”身体千疮百孔。在“孔雀”左侧有着一尊“观音菩萨”，因其救民有功便赐灵芝以食，最后形成了“孔雀”开屏拜谢“观音”的一幅壮美景观。（如图 8-13）

天窗下，一条小路通往洞顶，洞顶上住着百魔洞的瑶族原住民，有三十多户，三百多人。小路两边都是瑶族老人和孩子在摆卖特产。（如图 8-14）

图 8-12　候鸟人　覃椿惠 摄

图 8-13 孔雀石 张晴然 摄

图 8-14 瑶家集市 张晴然 摄

再往里就是吸氧区。百魔洞内负氧离子含量极高，被誉为“天然氧吧”，而整个百魔洞又数吸氧区负氧离子含量最高。在这里，你可以抖落城市风尘，感受一种洁净与纯粹；你可以尽情地呼吸清新空气，感受上天富厚的馈赠。

巴马活泉

巴马活泉，寿乡第一泉。

泉水从地下深层自然上升涌流而出，为自涌泉，它从不枯竭、从不浑浊、四季恒温、无污染，可直饮，适合长期饮用。

活泉水源地本就清澈的地下泉水流经铺满彩色奇石的小道，这清冽的水仿佛骆宾王笔下的灵泉：“冥契动天，甘泉涌地。泠泠无竭，蒸蒸不匮。”为天下人送去永不匮乏的甘冽清泉。“水善利万物而不争”，在这里也有了更深刻的阐释。

图 8-15　巴马活泉泉眼处　覃椿惠 摄

图 8-16　流泉　李可鑫 摄

巴马矿泉水研究院

作为长寿之乡，巴马的水一直为世人乐道。

民间有人认为，神奇的巴马水，造就了长寿的巴马人，水因此成为巴马象征之一。如何赋予水以文化、以生命、以科学，让巴马水为世人所知晓、所接受，巴马矿泉水研究院担起了这份责任。

郭庆华教授是中国食品行业智库专家，现任巴马矿泉水研究院院长、巴马县包装饮用水首席专家。他认为巴马水有其独特品质。

图 8-17　巴马水研究院外景　覃椿惠 摄

一是巴马水的溶解氧含量比较高。溶解氧对人体的肌肉组织和各器官的保养具有重要的作用。一般在高原环境下缺氧，喝上一瓶巴马水，人的呼吸急迫就会舒缓很多。二是常喝巴马水可以清除细胞中的有害自由基，减少有害物质对人体细胞的损害。

图 8-18　郭庆华教授向巴马采写小组介绍实验室　覃椿惠 摄

巴马的水还有一个重要特征，那就是长期受到珍贵的远红外线辐射。常住的“新巴马人”

五万多人，非常住的也有一两万人，他们每天除了饮用巴马的水，还每天到户外接受太阳的沐浴，而其中包含了对人体有益的远红外线，也就是说巴马的空气中普遍含有远红外线。这种远红外线来自数亿年前的陨石坠落，这些陨石从外太空而来，掉落到了巴马及其周边地区，造就了数个大型的陨石天坑，并不断向外放射远红外线，这种独特的远红外线辐射在巴马已经持续了 6 亿多年，影响了巴马的空气、水质和土壤等自然环境。

巴马人对生态的保护也是水好的重要原因。巴马地表水、地下水以及地下自涌泉水没有受到重金属和化工有害物质污染，使得巴马成为在全国范围内十分难得和珍贵的饮用水水源地。

赐福湖

赐福湖又称“百岛长湖”，位于巴马县城东北部，是盘阳河下游与红水河岩滩水电站库区交汇形成的人工湖，延绵数十里。赐福湖水深不可测，右岸丘峻连绵，花木四季不败，左岸石山重叠，千姿百态。湖水碧波荡漾，整个湖泊犹如一颗巨大的翡翠珠宝，极为珍贵的面貌凸显着巴马这片“遗落在人间的净土”的盛世美颜。湖上有一赐福大桥，是一座长 396 米、高 39 米的双曲拱多结构组合型大桥，其将赐福湖分为东南湖和西北湖。（如图 8-19）

图 8-19　赐福湖航拍　韦俞竹 摄

青山、绿水、良畜、赐福大桥、巴马人，绘就了一幅极具地域特色的“金山银山”的魅力蓝图。不少名人墨客在此留下墨宝，其中就有广西作家协会会员冯文东《忆游赐福湖》的诗句：

惯看春红点鹭鸥，东湖把酒桂三秋。

林烟断岸山吞日，落照一襟天外流。

湖畔民居错落有致，与周围的自然环境和谐相融，形成了一幅人与自然和谐共生的美丽画卷。在赐福湖，人们可以静观龙脊隐漫，细赏锦鳞戏水，体验一种超脱尘世的宁静与美好。

图 8-20 渔船 张晴然 摄

命河

群山包围着村庄，村舍围绕着农田，农田中间是命河。乡村民居以黄褐色为主色调，风格大体一致，彰显了巴马农家对土地的热爱与信仰。农田像大大小小的绿宝石、黄宝石般镶嵌在这村子之中，命河蜿蜒穿流而过。初看并不明显，仔细辨别，可以看到大自然鬼斧神工的奇特之处，它仿佛书法家酒酣挥毫，以田为纸，在这里书写了一个大大的草书“命”字，（如图 8-21）自然洒脱，以字成河。

图 8-21 命河全景 拍摄于命河观景台 由巴马融媒体中心 提供

命河左边的农田种满了绿油油的秧苗，右边则是刚犁好的地。不知道是村民有意而为还是别有其他，它一半绿意盎然，一半浅黄妆点，色彩分明，煞是好看。

山间的雾气浓烈又变幻莫测，似鬼魅般时而居此，时而游彼，到最后厚积薄发般冲天而出随风翻腾，汇入天际，将云又加厚了一层。云遮住了蔚蓝的天空，似海上的浪花，似海上的波涛，肆意翻滚。

“命”似从天而降，赐福于巴马众民，命河便是福迹，百岁老人便是福相。命河孕育了许许多多的长命寿星，沿岸百岁以上的老寿星多达八十多人，占巴马寿乡百岁老人比例的三分之二以上，八九十岁的长者，更是灿若繁星。中央电视台“走遍中国”（巴马）节目的开始镜头，就是命河汩汩流淌于寿乡沃野上的图像，因而吸引了海内外众多游客纷至沓来寻幽探秘。

神奇独特的“命河”，是寿星南极仙翁恩赐寿乡巴马的印鉴，保佑着一代又一代的巴马人健康、长寿。大自然鬼斧神工形成的曲折河道，被后人渐渐演绎成了天昭巴马长寿的标志，成了巴马长寿生命之源，最终成为“天、地、人”合一的化境，成为人瑞之地，养生天堂。

水晶宫

水晶宫位于巴马县城西北 44 公里的那社乡大洛村。

水晶宫为廊道状的中型洞穴，洞穴基本上顺岩层层面发育，除数处大厅外，总体上洞道高低起伏不大。据初步调查，水晶宫的总长度 1000 多米，宽 8 至 50 米，高 10 至 80 米。

图 8-22　水晶宫石柱群　李可鑫 摄

图 8-23　水晶宫鹅管石　李可鑫 摄

水晶宫内拥有国内最大的鹅管群，是国内洞穴中罕见的珍稀景观。鹅管如白玉、似凝脂，外形呈细长圆锥形，整体晶莹剔透，悬挂于洞顶，在灯光的照射下熠熠闪光。杜牧有“乳肥春洞生鹅管，沼避回岩势犬牙”这样的诗句，是对这神奇的钟乳石的描绘。（如图 8-23）

洞内还有石花，又称石头开花。石花的生长条件十分苛刻，一是需要在密闭程度高的空间内生长，二是在石壁上要有毛细孔，就像人体出汗一样，形成类似圆形的汗珠状的石花。三是旁边钟乳石的滴水飞溅形成的雾状水，薄毛水，毛丝水，打在汗珠状的石花上，最终形成花朵的模样。（如图 8-24）

除了石花，水晶宫里的另一奇观当属“石毛”。洞内还有长毛的石头，以飞溅过来的雾状水、

图 8-24　石花　张晴然 摄

图 8-25　石毛　张晴然 摄

薄毛水、毛丝水称为非重力水而形成石毛，也称石头长毛。它把这种非重力水发挥到了极致，摆脱了牛顿地心引力，使得矿物结晶呈现出向上生长、平行生长、向下生长三种生长状态，最终表现出一种杂乱结晶形态。这种结晶形态只在全球3%的洞穴里具备条件。（如图8-25）

水晶宫的钟乳石类有重力水趁机累积的鹅管、钟乳石、石笋、石柱、石带、石旗和各类石幔、石瀑布、石盾等；非重力水晶沉积类的石毛发、卷曲石、石花等数十种，形态多彩多姿，雪白纯净，玲珑剔透，集天下艺术珍品于一洞。洞内绝大部分景观都保持原样，且仍在生长发育之中，极具观赏价值和科学探究价值。

百鸟岩

百鸟岩，因群鸟栖居，蝙蝠掠飞，故而得名。进入洞口后，从内往外看，三角形的洞口如画家定景框，把远处青山和近处翠峦、绿竹、田畴、水面组成绝妙的画面，山如宝石，人若游仙，水光山色，交相衬托，令人神往。随水而行，洞中钟乳石千姿百态，各肖物类，水碧石净，光环影绕。

伴随着游船的前行，每隔两三百米就出现一种因天窗而形成的“日光月色”般的光感效果，在光与影不断变幻的时光隧道中，“三明三暗”处，让人拥有犹如经历了“三天三夜”的神奇感受。

随行人员说，平时，在洞内距出口不远的厅堂中可隐约听见百鸟轻唱，厅顶有岩燕、岩鹰、翠鸟、蝙蝠等在此栖息。每当朝霞初升或夕阳西斜的时候，成千上万的岩燕飞出洞口贴水逐戏，蔚为壮观。广西诗词学会会长钟家佐在《咏巴马百鸟岩》诗中是这样描述百鸟岩的：

图8-26 百鸟岩洞口外景 李可鑫 摄

图 8-27　百鸟岩洞内天窗　张晴然 摄

潋滟清江隐如山，地宫乘筏溯留滩。
忽明忽暗三昏晓，且喜且惊一瞬间。
百鸟来朝耽舞乐，群鱼腾跃荡波澜。
岩深惊听雷声响，窥见潜龙逐浪翻。

游船轻摇，无意中行至洞尾，复见洞口大开。眼前青山，草木蓊郁，鸟迹如线，寂然无声，恍若隔世。俯仰天地，山光水色，直令人有“红树青山斜阳古道，桃花流水福地洞天”之叹。

三、非遗促发展

新民社区非遗工坊

新民社区非遗工坊，坐落在巴马的花哒街新民安置区，是全县 3 个安置区之一，也是全县最大的安置区。

这里形成了一个集文创、展览、销售为一体的非遗文化产业链，在充分发挥活化非遗文化功能的同时带动了当地经济发展。

非遗工作室里最出名的产品就是“艾草锤”。锤头是一块布，有五颜六色的布，有单色的布，里面包满了艾草、决明子以及巴马火麻仁，锤柄是一根木头用毛线缠住。大锤长约 27 厘米，锤

图 8-28　艾草锤　覃椿惠 摄

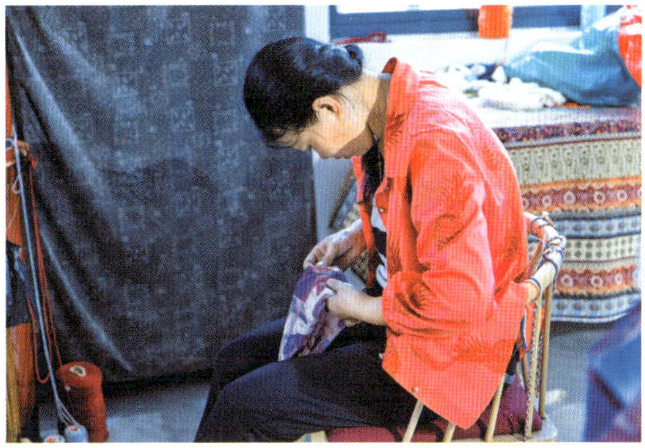

图 8-29　居民制作艾草锤　张晴然 摄

头宽约 11 厘米；小锤长约 11 厘米，宽约 5 厘米。（如图 8-28）

艾草锤实际上利用了中医原理。随着我们使用次数的增多，中草药的香味，尤其是艾草绒的香味会越来越浓厚。利用其捶打身体某个部位，艾草锤中草药中包含的活性成分会透过人的皮肤，直接进入到人的经络和骨骼，对人具有缓解肌肉和经络的疲劳、安神助眠、清热消炎等作用。先民的智慧通过世代传承，惠及着后人们，而后人也在不断地将这些优秀文化革新。

《我要去巴马》

印象巴马广场上有几个人在排演小品，成员都是八十来岁的老人。

原创小品《我要去巴马》讲述了一对巴马土生土长的老夫妻到北京旅游，刚下车就抽中了去巴马旅游的大奖，为了和抽中在北京旅游的游客交换奖品，他们向主持人、游客热情介绍巴马，最终让更多人了解到巴马的美好。

该小品导演及编剧是一位 80 多岁的奶奶，她也是巴马文工团第一位出演刘三姐的演员，退休后组织了一群热爱文艺表演的“弟弟妹妹”们一起排练节目，经常受邀到各地参加演出。

图 8-30　《我要去巴马》小品排练照　李可鑫 摄

巴马是一块福地，有青山、有寿水、有洞天，因为独特的磁场，这里藏着让时光减速的密码。

（文字撰写：梁务乐　卢柯宏）

九、声鸣凤山

——大地上的壮歌

图 9-1　凤山县城航拍　刘文迪 摄

凤山县位于河池西部，地处云贵高原南部边缘地带，山多地少，是“世界地质公园”，有“中国长寿之乡”美誉称号。

在凤山县城的中央，观音河畔，有一座高 12.6 米的汉白玉景观石雕塑，这座雕塑名为“双凤呈祥”，将凤山世界级地质和自然景观及人文特征以独特的艺术创作手法融合。独特的水上天窗景观群、宽大的洞厅、精美的钟乳石勾画着凤山的自然；红色文化讲述着凤山的历史。

可以说，读懂了这些，你就读懂了凤山的一半。

图 9-2　凤山县城内石雕　陈永康 摄

一、红韵中亭

红色中亭村

中亭村，中国工农红军第七军二十一师六十三团第九连的驻地。这里曾发生过激烈的战斗。1931 年 2 月，贵州军阀及地方民团出动 3000 多兵力，首攻中亭革命根据地。红九连不足 200 人的兵力在罗福宏、覃宝蒙的领导下奋起抗敌，与敌激战八昼夜，因敌众我寡，在第九天上午，各个营寨相继失守，红九连的部分战士英勇牺牲。

乡妇联主席韦氏送（时年 24 岁）为掩护群众转移，在卡层山（地名）营寨与敌兵搏斗中，死死抓住朝她扑来之敌不放，与敌人滚下百丈悬崖同归于尽。韦氏送是中国新民主主义革命时期第一位抱敌跳崖的女英雄，比狼牙山五壮士要早 10 年。她的英勇事迹被载入《中华英烈大典》。也是在那一天，来不及转移的 97 名村民和赤卫队战士，被敌兵抓捕而壮烈牺牲。解放后，为纪念英烈，当地政府修建了中亭革命烈士陵园。烈士公园内有高 12.29 米的纪念碑，碑顶安装了可旋转的红色大型火炬模型，当微风吹过，火炬旋转不停，象征中亭革命火种自点燃的那一刻起至今从未熄灭。

图 9-3　中亭村航拍全貌　覃奇隆 摄

图 9-4 中亭革命烈士陵园 陈永康 摄

红军田

顺着中亭革命烈士陵园后面的阶梯往下走，穿过一大片山茶油林，便可见矗立的石碑，上面写着“红军田”三个鲜红大字。

1930 年初，右江苏维埃政府开展以土地革命为中心的根据地建设，邓小平、韦拔群指派时任中共东兰县委委员、后任中共凤山县委书记的韦菁烈士（韦拔群胞弟），到中亭进行右江地区土地革命的土地平分“分耕”试点。

在中国共产党领导下的右江土地革命试点终于在中亭首创了中国有史以来“耕者有其田”的伟大创举。

中亭的分耕办法初具五十年后中国改革农村土地政策的雏形。被誉为中国土地革命“活化石”的红军田，也就是在那个时候“诞生”的。这块公田由区苏维埃政府管理和分配，主要用于红军家属的困难补助和革命同志往来的伙食开销等，极大地激发了贫苦农民参加红军的热情和投身革命的积极性。

直到现在，红军田仍是当地村委的公用田。据乡里的老队长说，每到耕种或丰收季节，乡里都会组织村民共同打理红军田，所得收入均归村委公共费用，用来修缮村道路灯等。

图 9-5　中亭村红军田遗址　刘文迪 摄

图 9-6　中亭村红军田航拍全景　刘文迪 摄

古树铜钟

屹立于中亭村中心坡磨山堡上的红椎栗树，树龄已上千年，它的主干需要四五个人才能合抱。

现仍健在的村上百岁老人，常讲古树与铜钟的故事：九十多年前这棵树上悬挂着一口大铜钟，它的每一次敲响都在提醒着全村百姓做好防范土匪进村的准备；提醒村民勤劳躬耕，不误农时；遇红、白大事或者节庆时以示庆祝或寄托哀思。

1931 年，悬挂树上的八百斤的大铜钟被“围剿”东凤革命根据地的黔桂军阀劫走，之后，村民捐资新铸一口铜钟，仍悬挂在千年古树上。

古树铜钟见证了中亭人民为争取民族解放和独立自由所付出的巨大牺牲，也是人民智慧与勇气的象征。铜钟的每一次敲响，都仿佛诉说着那段烽火连天的岁月，提醒后人铭记历史、不忘初心。

掉落的栗子早已深植土壤，变成新生树木，环绕着古树，生生不息。

图 9-7　中亭村古树铜钟　陈永康 摄

二、碧水岩溶

石马湖

石马湖位于金牙瑶族乡下牙村，在2021年成为了全国首批8个三星级地质文化村之一，是下牙村重要的地质遗迹景观之一。石马湖也是长寿之乡巴马盘阳河的源头之一，是喀斯特地貌中规模较大的岩溶湖泊，同时是凤山县最大的高山天然湖泊。

石马湖的湖面面积随着季节变化而有所不同。冬季湖面约为100公顷，而到了夏季，湖面则扩大到150公顷。

清晨，泛舟湖上，薄雾缥缈，四周群峰环绕，令人犹如置身于梦幻的水乡泽国之中。四周的山矗立不语，却散发着一种宽阔的宁静。

农历三月初三，是壮族的传统歌圩节。在这一天，蓝衣壮的姐妹们会穿着靓丽简朴的民族服饰，来到石马湖边赶歌圩、唱山歌。在湖边开农家乐的老板娘正好是上一年歌圩节的歌王，有朋自远方来时她就会高歌一曲。淳朴的乡音悠悠回荡在石马湖上，久久不绝，仿佛是大山深处的呼唤，令人无法忘怀。

图9-8　石马湖流域其中一段　刘文迪 摄

图 9-9 凤山采写小组在石马湖边合照

鸳鸯洞

鸳鸯洞内部空间巨大，面积达两万多平方米，在中国大型洞穴厅堂中排名靠前。

洞里的每一处钟乳石都是大自然鬼斧神工之作。它们经历亿年时光的雕琢，在漫长的岁月里，每一滴水滴落下都是大自然无声的笔触，勾勒出令人叹为观止的景象。在这里“三分形态，七分想象”被诠释得淋漓尽致，人们将美好祝福赋予这些自然形成的石头。

图 9-10 凤山县鸳鸯洞内景色 覃奇隆 摄

洞穴一共分为两层。入口处，寿星公慈祥的笑容映入眼帘，寓意着健康与长寿的美好祝愿，而旁边那一对栩栩如生的巨型鸳鸯，更是让人感受到爱情的甜蜜与忠贞。继续深入，守门将军持剑迎接游客的到来。

放眼望去，石柱、石笋、石幔、石钟乳交织璀璨一片，在各色灯光的加持下，好似进入珠光宝气，金碧辉煌的海底龙宫。沿着游览步道前行，

图 9-11　洞内神似“定海神针”的乳石　刘文迪 摄

图 9-12 洞内神似“阿牛哥”乳石 陈永康 摄

眼前一亮又一亮，耳边传来清脆的水滴声。

尤其值得一提的是那两根高耸入云的石笋，一根高达 36.4 米，另一根高 29 米，都位居世界石笋高度前列。这两根石笋不仅见证了岁月的沧桑与变迁，更成为鸳鸯洞中最耀眼的明星之一。洞里的灯光是遥控的，摁下遥控器绚烂的灯光便会消失，山洞恢复原始的模样，一股来自原始的神秘感油然而生，在黑暗中的石像好似活了。

这一处处栩栩如生、千奇百怪的绝妙佳境，让你不得不惊叹，天下溶洞之美尽在凤山鸳鸯洞！

图 9-13 鸳鸯洞内高柱 覃奇隆 摄

图 9-14 鸳鸯洞内“乳石瀑布” 刘文迪 摄

鸳鸯泉

鸳鸯泉得名于其山脚下的两股泉水。

从高处往下看，便能看见一股翡翠色的泉水，另一股则掩映在了绿树丛中。早在 1945 年，这两口泉水已被中华书局编纂出版的《辞海》当作词条收入。凤凰山麓下的这两口泉水宛如两颗璀璨的明珠，相隔三十多米并蒂而生，相互守望。

右泉呈椭圆形，据记载长 27 米、宽 23 米，水色清澈如镜，当地人称“母塘”；左泉呈圆形，据记载直径 14 米，水色微浊，当地人称“公塘”。它们如同自然界的鸳鸯伴侣，一清一浊，和谐共生。据当地人说喝了鸳鸯泉里的水还会生双胞胎呢。

黄光国先生撰写的《凤山县志》记载：“城东公母塘，每三十余年，吞吐一次。吞吐时，两塘有响声，水漏下塘底，其声潺潺，母塘外之溪水，亦逆流返塘。水尽塘干，其底有乱石，不见洞眼。每逢吞吐，全城莫不往观。约三点多钟之久，水始复出，公塘依旧痕满，母塘依旧流出成溪。”鸳鸯泉为何在相距三十余米之中一清一浊，迥然不同，又为何三十余年吞吐一次，成了千古之谜。晚清名士罗云锦曾游此湖并留下了这样一首诗：

鸳鸯湖水映碧天，
岸柳曳风花自香。
识得此中真福地，
更于何处觅仙乡？

图 9-15　凤山县鸳鸯泉俯拍　刘文迪 摄

图 9-16　鸳鸯泉单景　陈永康 摄

在这片山岭绿林间，两股泉水如不老的守护神庇护着凤山人民，人们对这两股泉水的保护也足以见得他们对大自然的敬畏。泉水涓涓不息，人们追求幸福生活的步履不止。

三门海

三门海原名为坡心水源洞。

坡心，在壮语中的意思是“大山的中心”。

三门海是天窗与地下河组合而成的自然景观。自地下河出口往里依次为1至3号天窗，呈串珠状镶嵌在地下河上，形成“山中有海，海上有门”的秀美奇观。

三门海并不是真正的海洋，而是一个由地下溶洞形成的奇特景观，这种现象被称为喀斯特地貌中的“天窗”或“洞穴漏斗”现象。三门海拥有七个岩溶天窗，这些天窗并列排成北斗七星状，是岩溶作用形成的洞穴系统。深度和大小各异的洞口犹如一道道门户，山、水、洞、天集为一体，也被国内外专家学者称为“世界之窗”。

第三道通天碧潭又被称为“内海”，四壁青石悬坠，琳琅满目。绝壁间斜伸出许多苍老虬曲而又绿意盎然的高大乔木或灌木杂树，还有许多藤蔓树枝伸入水中。游船在水上游荡，其中富含负氧离子的被誉为“气体维生素”的空气，让人感到十分惬意，感受别样的水上风光，感受大自然的鬼斧神工。三门海的水，宛如一颗碧蓝的宝石镶嵌在大山的中心。

图9-17 三门海高空俯拍洞口 刘文迪 摄

图 9-18　三门海入口处　覃奇隆 摄

图 9-19　三门海溶洞内休憩的人们　刘文迪 摄

穿龙岩

穿龙岩，又名凤阳关，是古时北面入凤山城的必经之道。穿过赭红色牌楼，一块巨石上写着“国际洞穴科学探险与世界水上天坑旅游基地”。这是2005年11月，国际天坑考察组来此调研并留下的他们的足迹与纪念碑。

站在洞口前，映入眼帘的是一面如刀削斧劈般垂直的巨大山体，表面坑洼如一幅硕大的冷色调油画，仔细看去，还能看到崖壁上星星点点的绿色点缀其间。抬头仰望，山体上有“岩溶之冠，洞穴之城”八个遒劲有力的大字。

进入洞内，眼前一下暗了下来，巨大的山洞笼罩着到此一游的人们。潺潺流水声此起彼伏，宛如大自然的交响乐，在宽敞的洞厅内回荡，营造出一种既神秘又庄严的氛围。

穿龙岩，这个天然的实景大剧场，山、水、洞、天浑然一体，不时会有盛大的演出在这里上演，它以其独特的自然魅力，吸引着每一个到访者的目光。而那洞顶之上，石乳错落有致，形态万千，仿佛是大自然精心布置的装饰，让人叹为观止。在洞内，许多燕子在洞顶做窝，人们经过

图 9-20　穿龙岩溶洞内向外拍摄　刘文迪 摄

这里时，能看见成群的燕子在空中飞舞。乐业—凤山世界地质公园博物馆坐落在洞内，是我国利用天然洞穴建设的空间最大、展示最奇特的地质博物馆。

走过了长长的洞中隧道，眼前豁然开朗，一幅“画中画”呈现。山体像是被凿出了一个大洞，阳光倾泻下来，远处的群山和蓝天白云就这样被紧紧圈住、定格，成了一幅大自然无心的绝美画作。被阳光照亮的，还有那坐在洞穴出口处弹奏的老人。他面前是庞然的山体，脚下是潺潺的流水，就是这一人、一山、一水、一乐器，构成了天地间最具诗情画意的存在。

穿龙岩这一大自然的鬼斧神工，与蕉林翠竹、青山白云相映成趣。旧《凤山县志》主笔黄光国先生曾在此留下诗句：

名胜清幽地，留题尚可观。
水流山更好，别有一人间。

图 9-21 穿龙岩洞口外地标 陈永康 摄

三、人文热土

巴腊猴山

位于凤山县乔音乡的巴腊猴山乡村旅游区属典型的亚热带高山带季风气候，有连绵不绝的喀斯特峰丛。景区拥有一万多亩生态林，植物生长茂盛，种类丰富，森林覆盖率高达 83.72% 以上。

当地群众积极加强生态保护和建设，悉心保护野生猕猴和开发生态旅游，通过封山育林、退耕还林等措施，建立了猕猴繁殖保护区，如今景区内的野生猴子从最初的几十只发展到了 600 多只。

这里的猴子数量真多啊。它们在树上跳跃嬉戏，在山间觅食。工作人员端着一盆玉米瓜子，一把把洒在地上，群猴哄抢而上。据观察，猴山的猴子不乏珍稀品种，它们身姿矫健，毛发鲜亮，每一个动作都透露出野性的魅力。有游客试着把瓜子放在手掌心上，胆大的一只母猴，开始缓缓地朝游客靠近，每一步都显得极为谨慎，快来到跟前的时候，趁人不注意，迅速又准确地把食物抓走，跑到一旁开壳。她怀里还有一只幼猴。幼猴多趴在母猴胸、腹部或骑在身上，由母猴带着

图 9-22　陷入沉思的公猴　刘文迪 摄

图 9–23　依附母猴怀里的小猴　覃奇隆 摄

活动。幼猴乌黑发亮的眼睛滴溜溜地转着，它还处在吃乳的阶段。

猴山中的猴子们较为活跃，它们时而攀上树梢，时而在岩石上攀爬，时而在地面上奔跑，偶尔会发出几声清脆的啼鸣，也会出现两猴争夺食物的场景，不一会嚣张跋扈的气氛便消散了，令人忍俊不禁。

除了猕猴观赏外，景区还推出了多种旅游活动。游客可以在兰园赏花品茗区观赏兰花、品茶吟诗；在农家乐餐饮区品尝地道的农家土菜；在养生休闲区享受宁静的度假时光；在儿童游乐场体验户外体能训练的乐趣。此外，景区内还有喊泉等特色景点和活动，让游客在游览过程中充满乐趣和惊喜。

图 9-24　猴子在与游客互动　陈永康 摄

蓝衣壮

进入蓝衣壮服饰染织技艺坊，好似进入了一个蓝色的世界。

图 9-25　展示的壮族服饰　覃奇隆 摄

木制的墙壁上整齐地挂着一套套深蓝、浅蓝的民族服饰，中间还夹杂着一两件黑色的上衣；在房子的中心墙壁上，一套黑色镶着深蓝边的服饰独具特色，吸引着众人的目光。它被板正地挂在墙壁上，周围则挂着手工饰品，这个设计让人眼前一亮。服饰上形状各异的繁缛花纹，缜密的一针一线，无不令人感叹蓝衣壮妇女的心灵手巧。从棉花脱籽的细微之处开始，到拉丝、拐线、拉线裹等九个精心雕琢的步骤，仿佛一首悠长的民族史诗，诉说着蓝衣壮妇女对美的执着与追求。

每当有重大节日，蓝衣壮人民便会盛装出席，唱响民族的古老歌谣，编织着他们的“蓝色梦”。

凤山双创产业园

龙华扶贫车间产业园——双创产业园的建成与运营，扛起了深圳龙华区产业帮扶的大旗。产业园走在前列，后面紧跟着浩浩荡荡的易地扶贫搬迁群众，为他们提供就近就业的机会，搭建广阔的销售平台。一列列摆放整齐的凤山核桃、粳米、特色茶、山茶油、红薯粉等优质农产品，在电商热潮的推动下，走出了大山，走向了全国乃至世界。当地企业家王小丹用小小的火麻堆起了凤山经济发展的增长点。

图 9-26　产业园内部产品展示　陈永康 摄

扶贫车间产业园的投产运营只是龙华产业帮扶的一个精彩缩影。与凤山县结对帮扶以来，龙华区深入贯彻习近平总书记关于扶贫重要论述，坚持把产业扶贫作为脱贫攻坚的重中之重。在各类经济赋能下，凤山县的乡村振兴之路必将越走越宽广，绽放出更加璀璨的光芒。

图 9-27　县城公园内唱山歌的阿嬷　陈永康 摄

凤山，这座古老而宽厚的山峦，在红色革命，在岩溶风光，在流水，更在人民。这些印记完整雕刻了凤山的历史，以一种不息的生命力连续广延。当清晨的阳光拂过凤山的每一寸土地，它仿佛照亮了历史的沉淀和文化古韵，更照亮了凤山未来的无限可能。

（文字撰写：陈惠楠　韦佳佳）

图 9-28　夕阳下的河流　刘文迪 摄

十、秘境都安

——梦幻般的山水

都安瑶族自治县，一座“倾斜”的县城。地处云贵高原向广西盆地过渡的斜坡，位于都阳山脉东麓，是全国喀斯特地貌发育最为典型的地区之一。域内有长河奔涌，多奇峰异洞，岩溶景观全国闻名。

弄响天坑 赵秦 摄

图 10-1 都安高铁站 黄斯霞 摄

一、水：一条会开花的河

澄江

澄江，被誉为“一条会开花的河”。它的水质干净，不受任何污染，气候温和，因此，水里一年四季都有海菜花开。每年 5 月和 10 月，是这里观赏海菜花的最佳时节。

海菜花，沉水植物，可生长在 4 米的深水中，一般花期 5 至 10 月，为中国独有。海菜花对生长环境要求很高，被誉为水质的“试金石”和“环保花”。海菜花曾广泛分布于云南、贵州、广西等地的湖泊、河流和池塘中，由于人类活动等影响，分布面积逐渐缩小。如今，海菜花是国家重点保护的珍稀濒危野生水生药用植物，同时已被列入《世界自然保护联盟濒危物种红色名录》。

图 10-2　海菜花　林虹 摄

图 10-3　澄江　林虹 摄

澄江湿地公园

清晨的澄江湿地公园是感官盛宴。湿草地和水面错综，晨光中蝉鸣、蛙声不绝于耳。湿地文化长廊蜿蜒于洼地水域中，布满了水草和海菜花。这里是沉水植物的栖息地，还生长着线柱兰、拟万代兰、任豆等各类植物。

图 10-4　澄江湿地公园　黄斯霞 摄

湿地文化长廊往前，是“战石海”遗址。都安地少石多，土地石漠化很严重，当地发展严重受到了制约。20 世纪 70 年代，都安县委、县人民政府把澄江这片石海列入全县治山治水、造田造地的重点工程，历时四年多，都安人民在青石板上搞造田造地运动，硬生生从石海中造出旱地 3719 亩。如今石海已推平，当地人在竹林环绕下辛勤地劳作。都安人民“雄心征服千层岭，壮志压倒万重山”的精神，在时间的洗涤下，历久弥新。

图 10-5　澄江湿地公园洼地水域　黄斯霞 摄

英雄大峡谷

英雄大峡谷是红水河入海大通道。全长一百里许，宽度达两百米，河面至山顶高差约五百米。峡谷两侧青山林立，奇峰群簇，山势雄伟。

“英雄大峡谷”名称的由来有二：其一，峡谷遍长木棉树，此树亦称英雄树；其二，此地是太平天国农民起义军英勇血战的遗址；大革命时期，红河下游革命委员会在此设菁盛联络站。

图 10-6　匹夫关　赖彦冰 摄

峡谷褶皱深处有个匹夫关。

据《大清一统志·思恩府》记载，“（匹夫关）在安定土司东一百八十里红水江北。峭壁万仞，下临大江，鸟道一线而渡。”匹夫关石壁上的小路仅容一人通过，一不小心就会滑落滔滔红水河凿出的深渊。

1860 年，太平天国将领“协天燕”石镇吉率数百人，从百色开拔去往宜州北山与石达开会合。进入峡谷时，与安定土司潘风岗指挥的团丁血战数日，几乎全军覆没。这段悲壮的战事，在时光流转中，化作云烟，此刻历史的回响仅留下一个悠远的提醒。

图 10-7　红水河峡谷　林虹 摄

到了匹夫关，攀石梯，可至娘娘庙。石梯道旁有楹联：仙娘临关古庙雕栏山河从此添新意，匹夫守土雄关坦途桑梓而今去旧颜。

福海亭，峡谷高山顶上一座朱红色观景亭，是都安高山旅游必去的“打卡点”，站在亭内可鸟瞰红水河湾。一条绿带，绕过青山，源源东去。雨后，云雾从峡谷中涌上来，漫上山巅，阳光照在山的一侧，很快又消失，就这样循环往复。“山岭沸腾峰竞起，水波激荡浪争流”，这句镌刻于福海亭柱子上的对联，用凝练的汉字，打开了这处景观的绝佳视角。

图 10-8 福海亭 黄斯霞 摄

图 10-9 红水河湾 林虹 摄

图 10-10 凡一平旧居：作家之家 赖彦冰 摄

图 10-11 上岭村泊船村民 黄斯霞 摄

上岭村，红水河畔的一座少数民族村落。文山连水脉，斯地有英才，这里走出了作家凡一平（壮族）。他是“文学桂军”最具代表性与影响力的作家之一，近年来创作了一系列以家乡上岭村为背景的文学作品。

凡一平专注于建构精神原乡上岭村，写出了中国式现代化进程的南方篇章。他塑造的一系列新乡土人物，既是上岭传奇人物图谱，也是现代乡土中国的人物群像。其中短篇小说《上岭恋人》荣获第十三届全国少数民族文学创作骏马奖。

凡一平说：“故乡是我写作的源泉和宝藏，也是我生命的根，是底气和元气所在。”

龙湾铁索桥

龙湾铁索桥，都安龙湾乡一处景点，是中国的第四大铁索桥。它兴建于 1984 年，桥体由铁索加上木板构成，横跨于红水河之上，是连接两岸往来的重要交通枢纽。桥长约 236 米，宽约 3 米，桥身由十多根钢丝绳拉住，水平垂直高度超过 50 米。

铁索、木头、峡谷、河流、水汽、行人，是物质的组合，也是感官的组合。铁索桥的美丽，是内敛的，是令人肃然起敬的，它是架设在高处的平衡，默默地见证着龙湾乡的变化和发展。

图 10-12 龙湾铁索桥 林虹 摄

图 10-13 红水河 黄斯霞 摄

二、洞

天窗

都安被誉为“世界天窗之都”。

天窗，是水流和石头共同打造的作品。强烈的溶蚀作用导致岩层不断崩塌，地下洞腔越来越大，上覆地层越来越薄，形成漏斗状或穹庐状的地下大厅。水的作用仍在持续，顶部在地表水的溶蚀和重力作用下，逐渐接近地表，最终形成天窗和天坑。

地苏地下河水系分布着目前世界上发现的数量最多、密度最大的 300 多个天窗群。

东庙乡桃花水母天窗群，因桃花水母得名，现为国家地质公园的一级保护区。

景区中间地带种植了桃林。还有少量人工设施，如观景台等。但观景台视野有限，站在台上只能看见部分低矮的树木，看不到天窗。

图 10-14　桃花水母第一天窗　林虹 摄

沿着小道往山谷里走，天窗就像一个平静的水潭，不规则的潭下却生活着原始、高洁的生命体：桃花水母。

九灵天窗，和桃花水母天窗截然不同，它位于东庙乡，两面是石壁，边缘有一些鹅卵石，石滩仅往前十多厘米，便是象征深渊的墨绿色的水。另外两面，一面是石桥，另一面则是一排石柱，若无其事地将天窗与外围水域隔开。

图 10-15　九灵天窗烟雨　赵秦 摄

图 10-16 吞榜天窗 黄斯霞 摄

图 10-17 九顿天窗 赖彦冰 摄

图 10-18 太阳天窗 赖彦冰 摄

九灵天窗的水直接来自地底，水温很低，炎热的夏日，分外受游客青睐。

九灵天窗上游不远处，即吞榜天窗。它位于地苏地下河系主流中下游，为斜井式天窗，水深大于 80m，除了汛期，其他时候水质清澈透明。1960-1970 年期间，当地人曾建坝围栏，安装水轮泵站提水灌溉，但未成功。现在，人们将废弃的水站再利用，曾经的水车成了吞榜天窗一大亮点。天窗与周围的峰丛、谷地、村寨、湖泊共同构成一幅美丽的喀斯特景观画卷。

吞榜天窗面积大，水面宽阔，水中藻荇交横，不再是深山中严肃的奇观，而是热闹活泼的清水浴场。

还有一个九顿天窗，地处澄江流域上游，是澄江的主要源头之一，被誉为中国水下珠穆朗玛峰。

九顿天窗由四个斜井式天窗组成，口部略呈圆形。它是世界级潜水胜地，洞潜世界纪录数次在这里被创造出来。2023 年，知名探险家韩颋在此成功下潜到 277.4 米的深度，不仅打破了洞穴潜水的亚洲纪录，而且距离世界纪录 286 米仅差 9 米。尽管如此，九顿天窗的底部仍未被完全探索到。

而太阳天窗，也是澄江的源头之一。

它得名于其所在村落，在整个地下水系中几乎位于最北方。太阳天窗开发度相对较低，面积相对其他几个天窗也小很多。真正的天窗所在地，被相关部门谨慎地用铁栅栏围了起来。

弄响天坑

弄响天坑，喀斯特地貌又一奇观。

天坑底下矗立着许多巨石，它们经历了漫长岁月的洗礼和风雨侵蚀，形成了独特的形状。

图 10-19　弄响天坑　赖彦冰 摄

图 10-20　弄响天坑石笋　林虹 摄

石缝里丁达尔效应构成的景色与原始景观形态交错，形成了藏在大山里的人间仙境，充满了光怪陆离、妙趣横生的各类奇观。走在洞中，四周被深邃的昏暗笼罩，头顶上天窗洒落的光，清晰又梦幻。

钟乳石悬挂于洞顶，有的利剑般直指洞底，有的像丝绦般轻盈飘逸，或宛如盛开的莲花。与钟乳石相对应的是石笋，它们从洞底向上生长。当钟乳石与石笋在某一刻相遇，便形成了壮观的石柱，屹立洞中。

下午两点二十分，阳光洒落，丁达尔效应悄然显现。光线透过稀疏的云层，形成一道道集金黄、淡紫、蔚蓝一体的光柱，在空中轻轻摇曳。丁达尔效应的出现是短暂的，需要游客们迅速调整好自己的观赏姿态，迅速去接纳欣赏。

弄响天坑是一个集地质、生态、美学于一体的自然奇观，它以独特的地质景观、丰富的生态系统以及深刻的自然哲理吸引着无数探险者与旅游爱好者。

图 10-21　弄响天坑钟乳石　黄斯霞 摄

图 10-22　弄响天坑丁达尔效应　林虹 摄

三、现今的生活

大寨楼

大寨楼建于20世纪70年代，由红砖和石块搭建而成。它的外部大门也不一般，呈半拱门形状，在每个柱子上都挂有黑色的马灯，外墙悬挂红灯笼。

大寨楼并不是传统意义中的房屋，它在“农业学大寨”时期建成，是一幢由集体施工投建的传统马骑楼建筑，多套房子并列连建，有27个拱门。里面曾经住有27户人家。现在，仅剩几户居住。

大寨楼是历史的见证者。如今楼内建设了村史馆、粤桂协作展馆、农民书画社、传统农具展示长廊、农家书屋、“同心”协商议事室、人大代表联络站等，从抗战期间的定福联络站，到70年代的战石海，再到几年前脱贫攻坚致富，都被它记录下来。它已成为该村独具特色的文化景点。

图10-23　都安传统马骑楼建筑群大寨楼　赖彦冰 摄

图10-24　大寨楼半拱门　赖彦冰 摄

藤编产业

藤编非遗展示馆，位于都安地苏镇丹阳村。

藤编工艺品种类多样，其中地苏藤篮藤芒编织尤为知名。随着时代的发展，经过瑶族人民的努力，原来颜色单一的地苏藤篮藤、芒逐渐丰富多彩起来。

现今藤编工艺品的编织技艺，不再局限传统材料，人们通过不懈创新，开拓了许多新材料，除了常见的藤草，也有桦树皮、棉花壳和芭蕉叶。这些材料大都可以再利用，既环保，又节省了原料成本；不同材料相互搭配，也使藤编工艺品造型更多样。

图 10-25 地苏镇安福寺 林虹 摄

图 10-26 地苏镇司马桥 赖彦冰 摄

地苏镇的藤编工艺品多数对外出口，特别是在西方圣诞节前，订单暴增。展示馆里陈列着麋鹿、圣诞树以及小羊肖恩等颇受西方欢迎的形象。此外，藤编工艺品也结合其他瑶族非遗文化——融入瑶族特有花纹样式，让优秀瑶族文化吸引更多目光。如今藤编产品和瑶族藤编非遗文化在不断创新发展中，已走出国门，传向世界。

图 10-27 地苏镇藤编非遗展示馆 林虹 摄

丹阳村的传统藤编工艺品量产有 40 多年历史，第一家竹藤草芒编织企业建立于 1986 年。然而，在塑料行业快速发展以及近些年的国际大背景影响下，藤编产业受到了不小冲击。所幸藤编工艺品企业没有认输，国家也将藤编作为产业扶贫的一个重大突破口，大力支持藤编产业发展。在国家扶持下藤编产业已成为都安县“十三五”期间八大扶贫产业之一。

图 10-28　地苏镇山水风光　赖彦冰 摄

毛葡萄酒示范基地

都安下梯屯毛葡萄示范基地里，一排排葡萄酒井然有序地摆在酒架上，空气中弥漫着一股淡淡的酒香。

主人叫梁耀康，一名返乡创业的农民工。酒架的最高一层，摆放着一张张鲜红的荣誉证书。墙的一角上挂着“文明家庭”的牌匾和营业执照，下方是梁耀康参加人民代表大会的纪念照、县委书记到毛葡萄基地进行指导的照片。

“九分石头一分地，石头缝里谋生计。”都安，典型的大石山区，大多数水果不适宜在此生长。毛葡萄，都安著名特产之一，由野生葡萄培育改良，生命力顽强，适应的环境广泛。毛葡萄颗粒小，营养价值高，一年有两次成熟期，第一次成熟采摘期在 8 月底，第二次采摘在 11 月。

起初，刚返乡的梁耀康按照传统模式，大规模种植葡萄，并尝试将丰收的葡萄批发给周边的商家、企业进行深加工。然而，随着市场的变化，他发现这种单一的销售模式存在着诸多不确定性，价格波动大，且利润空间有限。他开始思考如何延长产业链，提升产品附加值。

图 10–29　下梯屯毛葡萄示范基地　赖彦冰 摄

梁耀康借鉴先进经验，决定自己建设葡萄酒加工厂。他种植的毛葡萄有350亩，将其中3/1酿制为高质量的葡萄酒，另外的3/2供游客采摘或者批发销售。梁耀康还利用葡萄园内的生态资源，在葡萄架下养蜂、养土鸡。探索出这种循环农业的发展模式，梁耀康的葡萄园成了一个生机勃勃的生态乐园。

图 10–30 葡萄酿酒酒缸 赖彦冰 摄

在都安乡村大地上，村民们依托着得天独厚的地理位置、自然资源与浓厚的文化底蕴，巧妙地将农业、酒文化、旅游业编织成带动乡村发展的金色纽带。

广西都安书画纸厂

都安书画纸制作技艺历史悠久，是广西传统手工纸的典型代表。据《都安瑶族自治县县志》记载："清雍正年间（公元1723-1735），境内已有手工纱纸（谷纸）生产。""盛时有纸槽千余具，午夜槌打纱皮声，邻里相闻。"

现今时代在变化，都安纸也在发生改变。过去都安纸的原材料用构树，因其纤维强韧细长如纱线，抄成纸后，质薄如绢纱，故都安纸又叫纱纸。直到1980年，当时的制纸师傅从台湾的凤梨叶造纸技术中获得灵感，决定用都安当地龙须草造纸，自此都安书画纸质量更上一层楼。

现今工厂里坚守岗位的制纸师傅，大多在都安制纸业已耕耘半生，用热爱抵去岁月的艰辛。可他们已经老去，再无人传承手艺，都安书画纸可能会湮没于时代洪流之中。技术断代，厂内一些纸的规格已暂停生产。捞纸用的竹帘制造技术也已失传，只能从四川购入，每张能用3～4个月，且价格高昂。

面对现今的困境，广西都安书画纸厂积极采取行动。如联合中小学开展研学活动，让学生近距离体验造纸，开展国学传播活动以及建立都安书画纸博物馆，免费对来客开放，让人们了解都安书画纸制作工艺及历史。

图 10–31 "都安书画纸制作技艺"第四代传承人陈兵 黄斯霞 摄

图 10-32 制纸师傅捞纸 林虹 摄

图 10-33 都安书画纸 黄斯霞 摄

都安瑶族服饰

都安瑶族服饰非遗传承基地，是由都安臻艺文化传播有限公司综合开发的非遗形象体验店。这里的整体空间不大，瑶族手工制作的服饰，占据了四周墙面。体验店的品牌叫花密样，在瑶语中意为“瑶族最美丽的姑娘”，传说中是创世始祖密洛陀的小女儿。

曾经的瑶族，是一个仅有口头语言的民族。瑶族儿女会用最直观的方式表达审美与情感，比如穿上自己最美丽的衣服，出席人生中的每一次重大聚会。于是，瑶族服饰有了使用场景上的分界——盛装与常服。

和传统的瑶族服饰不同，今天的瑶族服饰已不再以简单的黑色、靛蓝为主。人们怀着对美好

图 10-34 都安瑶族服饰传承基地 黄斯霞 摄

图 10-35 都安瑶族服饰 林虹 摄

图 10-36　都安瑶族服饰银项圈　赖彦冰 摄

图 10-37　都安瑶族服饰　赖彦冰 摄

生活的追求，将瑶族服饰与现代元素结合，使其更加符合当代审美。瑶族服饰文化在新时代更加绚烂地绽放。

瑶族土布是老一辈瑶族人用老式纺织机纺制而成，又采用特殊的染布工艺进行加工，质地不同于现代纺织布。瑶族人民对土布有特殊情感，他们一般都会在家里放上一摞土布，以求安心。

与盛装搭配的饰品、头饰与银项圈的制作技艺高超，材料以苗银为主，形状多样，花纹精美繁复，极尽巧思。瑶族传统观念认为，银饰穿戴于身可驱邪消灾，祛病保健，同时是家族财富的象征、富贵的展现，故古来尚戴银饰。

河流在山谷中摊开，房屋依水而建。人们把鉴别翡翠的品质，叫做水头，大概是从中得来的灵感。都安人民在山中生存的智慧，便是用水一般的柔情，与山共同创造生命的光辉。在新时代的今天，处处展现出密洛陀新貌的都安，正怀着对美好生活的追求，不懈续写着壮美的山与水之歌。

（文字撰写：李祥佩）

十一、天弄大化

——山水之间的泼墨

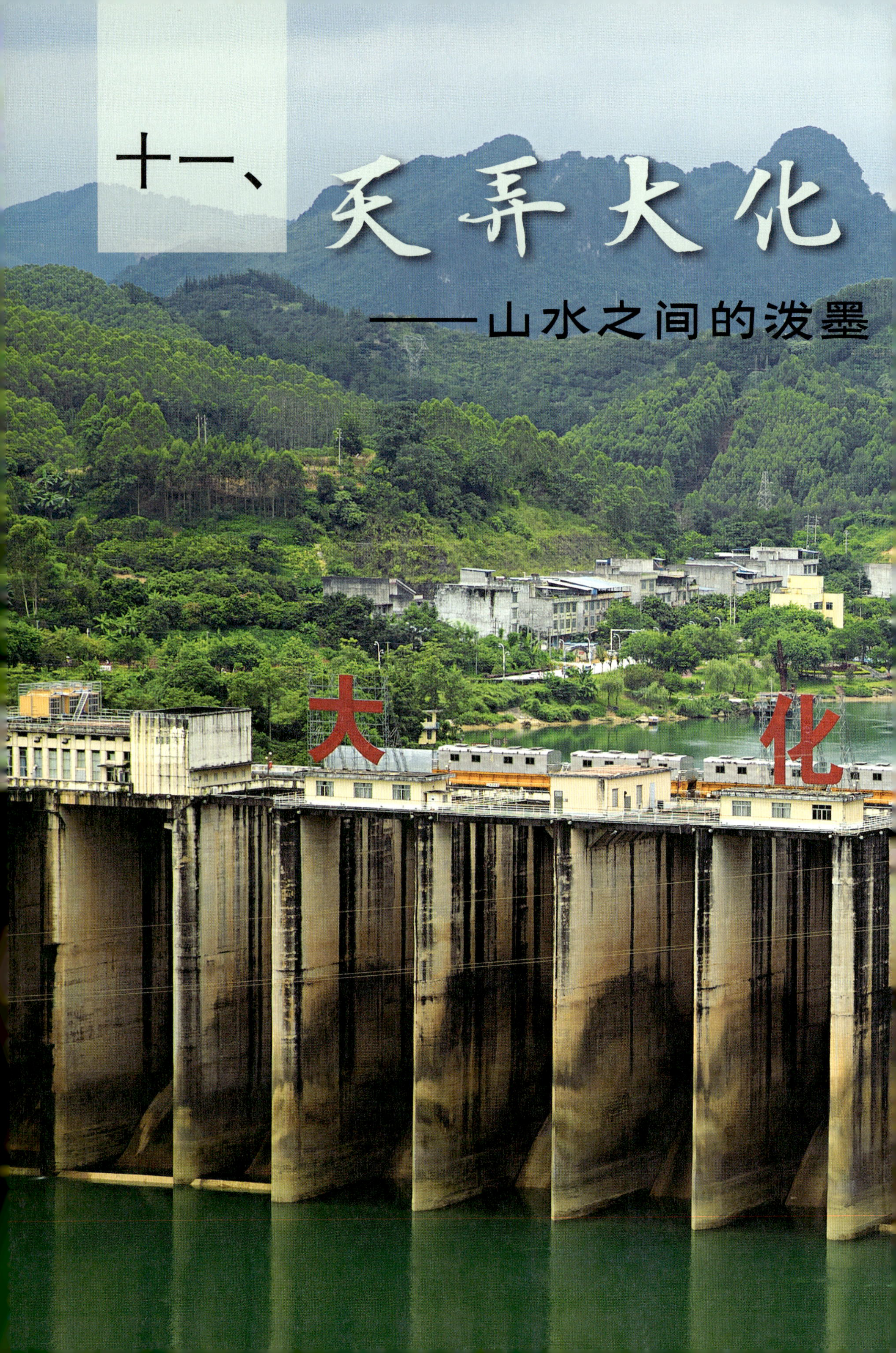

大化瑶族自治县，古为百越之地，位于广西壮族自治区中部偏西北的红水河中游。这是座因大化水电站兴起的小城，是河池市最年轻的县。从石山绵延的七百弄，到珍藏奇石的红水河，大化，是名副其实的山石故乡，水之长廊。

图 11-1 大化水电站 林虹 摄

一、山

莲花山

莲花山，位于都阳镇双福村，由海拔1000多米的东、西、南、北四座大山围抱而成，形似莲花，故而得名。

山中植被低矮。陡峭的崖壁上，竟有羊群。见有人围观，山羊们叫得更起劲，一时间竟有此起彼伏之势。人们纷纷打趣说，这是大山的方言，有大学问。据说，这是当地人放养的著名七百弄山羊——聪明的山间精灵。

莲花山山势峻峭、峰峦叠嶂、石壁陡峭、峡谷幽深。这里也是佛教圣地，环境幽雅，群山环抱，竹木葱葱，芳草萋萋，自然风光秀丽，登上莲花山五千级台阶，极目远眺，七百弄峰丛尽收眼底。

图 11-2　莲花山　赖彦冰 摄

图 11-3　莲花山　黄斯霞 摄

八里九弯

“弄”，指的是峰丛间的洼地。

七百弄，是世界上喀斯特高峰丛深洼地发育最典型的地区，境内海拔 800 米以上的山峰有 9000 多座，平均每平方公里 18.51 座，石山林立入蓝天，峰峦叠嶂绕云端。这里享有“桂西风景新明珠”的美誉，也被联合国粮农组织官员考察后称为“除了沙漠以外最不适合人类居住的地方”。

八里九弯，顾名思义就是八里路中有九个弯。它如虬龙般盘卧在连绵的山峦中，是从都阳进入七百弄国家地质公园的第一个山坳口。

“不到七百弄，枉为骑行人”。八里九弯十分陡峭，这里不仅是七百弄绝佳的观景场所，更是骑行爱好者的天堂。千回百转的崎岖山路上，时不时有骑行者如轻盈的喜鹊从我们身旁滑过，如同穿梭在画中。正所谓“有人敬畏自然，也有人征服自然”。

图 11-4 八里九弯 赖彦冰 摄

“千山万弄行路难，出门背篓爬高山，云梯架在绝壁处，手攀脚勾心发慌”。这首民谣道出了过去七百弄的交通状况。千百年来，为了生存，七百弄的居民不得不肩挑背驮，翻山越岭，在山道里艰难攀爬，在石板上印下足迹。

一条条“挂”在山间的“天路”和山间小径，承载着七百弄民众的小康梦。

在山路上远眺，隐约可见藏在大山沟壑里的房子，那是瑶族同胞的房屋。从山上俯视，瑶族人家三五户聚居在一起。

山间的瑶家村落，如今已不再被崇山峻岭围困。山脚下，是勤劳的当地人和大自然齐心协力攒下的泥土。村民们用石头砌出田埂，再播下种子。泥土到不了的地方，人们养起鸡、羊等动物，当地人用勤劳和智慧构筑起“安乐窝”和“世外桃源”般的生活。七百弄鸡和七百弄山羊已成为这个昔日以贫瘠著称之地的灿烂名片。这是自然的悲悯，也彰显着人类的智慧与生命的伟大。

千山万弄，天上人间，意义大概在此。

图 11-5 山弄骑行者 赖彦冰 摄

图 11-6 七百弄 黄斯霞 摄

图 11-7 山弄“天路” 林虹 摄

图 11-8 山弄人家 赖彦冰 摄

图 11-9 七百弄羊 林虹 摄

二、水

岩滩

岩滩美女峰景区，山光旖旎，奇景天成，是红水河百里画廊的重要组成部分。在这里可以欣赏到红水河绮丽风光、峡谷奇观。

登往美女峰的路，是石头铺成。一侧贴着巍峨的山体，另一侧是猪肝色的木制扶手。从下往上看，“美女峰”好像一条龙脊，镶嵌在陡峭的山壁之间。美女峰的山顶，树立着三个醒目的红色宣传牌——岩滩美女峰、岩滩水电站和大化彩玉石。

图 11-10　岩滩美女峰　黄斯霞 摄

美女峰头枕岩滩水电站大坝，峰顶设有360° 观景台，可以看到对面有一座桥，那就是岩滩大桥。每逢三月三，这条路禁止车辆通行，只能行人通过，人们在桥上激情碰蛋，载歌载舞。岩滩三月三活动历来比较出名，很多游客也会慕名而来。

图 11-11　美女峰俯瞰岩滩　黄斯霞 摄

图 11-12　岩滩水电站　林虹 摄

图 11-13 岩滩美女峰摘星营地 林虹 摄

岩滩旁的摘星营地也吸引了不少观光客。

摘星营地是当地“联农带农富农”战略的重要举措，项目计划总投资1500万元，主要建设星空房、宿营区、七彩步道、玻璃观景平台、无边际泳池、观光休闲楼等。项目建成后不仅能够进一步完善大化县旅游基础设施，提升岩滩景区旅游品质，丰富旅游业态，还能带动岩滩镇常吉村及周边村屯旅游发展，助力农民增收，提高人民群众获得感、幸福感，真正实现“旅游产业带动生态宜居、乡风文明、治理有效、生活富裕”的乡村振兴目标。

星空露营地有四种房型——银河、星际、探月、帐篷。银河系列，长方体设计，占地面积28平方米，太空舱采用玻璃钢成形，强度高，耐寒耐热，隔音效果好。探月系列，一个圆柱体的设计，占地面积也是28平方米，太空舱由钢结构框架、铝单板外壳模块、双层钢化玻璃及多重加厚隔热材料等制成；耐寒耐热，隔音效果好，质感及体验感效果好。露营帐篷酒店，面朝东方，抬头仰望朝阳，低头俯看岩滩水电站。

图 11-14 遥看岩滩大桥 黄斯霞 摄

岩滩水电站 1985 年 3 月开工，1995 年建成投产。位于红水河中游大化瑶族自治县岩滩镇协合村境内，是红水河十个梯级电站的第五级，上接龙滩水电站，下临大化水电站。坝址上游流域面积 10.66 万平方千米，多年平均径流量 555 亿立方米，坝顶总长 525 米，最大坝高 110 米，有效库容 26.1 亿立方米。岩滩水电站是当时广西第一座装机容量超百万的大型水电站，电站大坝是当时国内第一座高度超过百米的碾压混凝土大坝，岩滩大桥是当时广西最高荷载大桥，电站库容是当时广西最大的电站水库。

图 11-15　夜色下的大化水电站　林虹 摄

站在摘星营旁，一眼望去，湖面在阳光的照射下，闪闪发光。湖边铺着一张张黑色面板，这是水光互补光伏发电项目。

2020 年 11 月 12 日，由中国能建浙江火电公司总承包建设的广西桂冠岩滩水光互补光伏发电项目开工。该项目位总装机容量为 133.97 兆瓦，拟建 32 个漂浮式光伏方阵、32 台箱式变压器、一座 110 千伏升压站。项目建成后，对推动当地清洁能源资源合理开发利用有较大的促进作用。

大化瑶族自治县岩滩镇把乡村旅游作为美丽乡村建设的主导产业，农旅融合、旅商融合，从小微起步，步步规范，事事创新。

水岸公园

大化水岸公园位于县城南面，依着地形顺红水河而建。公园里杨柳依依，小径沿河直向远方。红水河奔腾蜿蜒，对面峰峦连绵如翠。

沿着河岸远远望去，垂钓者是水岸公园的一道靓丽风景线。有只身垂钓的大叔，有两个小伞下排排坐的母子钓鱼人，小朋友才六七岁。钓者屏息凝神，专注垂钓。

图 11-16　水岸公园　黄斯霞 摄

图 11-17　水岸公园垂钓者　林虹 摄

图 11-18　垂钓小能手　赖彦冰 摄

图 11-19　峰峦连绵的水岸公园　林虹 摄

沿着公园小径走着，便到健康步道和红水河观景台。健康步道是有黄牌绿字的，周围还有两个一黑一粉正在跑路的模型。牌子直入主题：日行一万步，吃动两平衡，健康一辈子。牌子上介绍着步行类、自行车类、家居活动类的运动方式与方法。不难看出，当地政府对人民身体素质的重视。

红水河观景台始建于 2018 年，占地 200 余平方米，楼建两层，高 15 米有余，是一个仿古建筑。从小径拾级而上，两侧是瑶族铜鼓。登上一楼观景台，走廊一头早已被卖小吃的商贩团团围住，商贩多为妇女，带着孩子，她们也不是用木桌摆摊，而是把货物放在小电三轮车上售卖。走上二楼远眺红水河，雨点在河面击打着，河面如鼓，滴滴作响，商贩的叫卖声和当地人们的歌声环绕在耳边。

水岸公园，是依水而建，便民惠民，与民共生同乐的公园。

情人湾

情人湾也叫贡川湾，位于大化瑶族自治县贡川乡，距离大化县城约 20 公里。

红水河沿岸山高谷深，水流十分湍急。在大化水电站蓄水发电之前，红水河有许多险滩，情人湾就是其中之一。相传，贡川一带的男人每次从贡川湾荡桨外出，妻子都要到湾畔送行，并常在岸边眺盼，盼望丈夫平安回来。因此，此地又被称作情人湾。

筑坝拦水后，“情人湾”水势平缓，山情水韵赏心悦目，成为人们休闲观光的好去处。如今，大化贡川情人湾依托自然山水风光，呼应浪漫文化背景，开展户外运动体验项目，打造集文化旅游、休闲体验、户外运动于一体的瑶乡浪漫田园。现在有包括情人湾国际休闲水上运动公园、“遇见拾光”

图 11-20　红水河情人湾　林虹 摄

图 11-21　情人湾吊桥　林虹 摄

文化旅游综合体、风情步道、情人湾大桥、情人湾吊桥、民宿区等项目。

从渡口前往下柳村，马达轰鸣，船舷的震荡与心脏同频。在下柳村外，竹林掩映。村子以渡口出行为主，是真正依山傍水的世外之地。

清早，来往耕作的人络绎不绝。玉米刚收完，一把火将玉米梗烧成灰烬，再下一场雨，便是绝佳的肥料。人们赤着脚，以一种同土地最亲昵的姿态，将豌豆和第二茬玉米撒进地里。壮乡瑶寨，人们谙熟作物节律。在这里，一切皆是向自然学习。

图 11-22　情人湾山水风光　林虹 摄

图 11-23　情人湾游船　林虹 摄

百里画廊

从大化电站至江南达墨，约 50 公里，红水河主干流横穿大化城区，大化水电站建成之后形成的宽 300 至 500 米的峡谷水库，河水清幽，两岸群峰屏立、竹木葱葱，如一幅明丽清新的水墨画，故称之“百里画廊”。景区以河段长、景点多、组合为特色，以岩溶山水风光为主，尤其是以风光秀丽的贡川情人湾著名。

河的两岸，矗立着一座座秀美绝伦的山峦，它们以沉稳的姿态，静静地守护着这片水域。山

图 11-24　百里画廊　黄斯霞 摄

图 11-25　百里画廊游船　黄斯霞 摄

图 11-26　临风　林虹 摄

图 11-27　歌声回荡百里画廊　林虹 摄

峰层峦叠嶂，厚重似墨。两岸生长着片片翠绿的竹子，与山水相依相偎。靠近河水的竹子，有些已经倒塌，露出腐痕，大概是水涨了，竹根长时间浸泡导致的。阳光照射在水面，波光粼粼，光与影交错舞动。

在百里画廊贡川乡至水岸公园段，有一种穿越时空，跨入另一方天地的感觉。这里空气极为清新，略带几分滋润，能使旅途的疲劳很快消失得无影无踪。

竹筏慢慢向前行驶，景色也跟着变换。青山环绕、翠竹婆娑，简直就是现实版的山水画卷。

山随水转，拐过一弯又一弯，两岸伴着水流辗转腾挪，俯昂伸屈，水弯山曲，水澈山跳。既有行云流水曲，又有田园恋歌调。

百里画廊，1996 年 4 月被定为省级风景名胜区，同年 7 月，以山奇、水秀、湖旷、洞秘、峡险、洼幽、坝雄和瑶壮民族风情独特等八大特色荣获全国首届风景名胜区展览奖。

百里画廊，形成于大化县水电站闸坝，万里奔腾的河水，冲破千山万壑，勾勒出旷世山水大美图景。从贡川乡贡川村到大化县城的水岸公园，坐电动竹筏需要三十多分钟。画廊里，群峰屏立，山光水色，一时一景，充满了诗意的格调，一路上的美景尽收眼底。

三、石

奇石馆

大化，2007 年 10 月，被中国观赏石协会授予首批“中国观赏石之乡”称号。

在大化街道上不时能看见珍宝阁一类的店铺名，走进一看，正是大化红水河特有的观赏石，当地人称作奇石。而当地若论珍藏奇石最珍稀、数量最多的地方，奇石馆当仁不让。

红水河奇石馆占地 2000 平方米，为两层建筑楼体，布展面积 3500 平方米。馆内收藏的奇石产自大化红水河，主要包括大化彩玉石、大化梨皮石、大化摩尔石等石种，其中以大化彩玉石为代表。

大化彩玉石，主要产于广西大化岩滩水电站大坝下游数公里河段，也称岩滩彩玉石，是广西红水河石的代表，其生成于古生界二叠系约 2.6 亿年前，属海洋沉积硅质岩，原岩为火成岩与沉积岩之蚀变带硅质岩石。在红水河激流冲刷的同时，河床上的石体吸附了红水河流域丰富的金属离子，如铁、铜、锰等离子，经浸泡为彩玉石“画”上多姿多彩的纹路与颜色。彩玉石的开采最初是由人工潜水探测井打捞，开采困难，风险系数高，属于难再生资源。大化彩玉石石质结构缜密坚硬，色彩艳丽古朴、色韵自然，因其极高的观赏价值和收藏价值，在国内赏石界声名远扬。

奇石馆正对大门处矗立着一块巨石，据介绍，其于 2022 年 6 月出水自大化瑶族自治县岩滩镇岩滩水电站大坝下游 200 米的深水中，堪称大化彩玉石之王，故名曰“石皇”。

图 11-28　奇石馆石皇　林虹 摄

图 11-29　奇石“秋天的色彩”　黄斯霞 摄

图 11-30 奇石“雄狮” 林虹 摄

图 11-31 奇石馆鉴石坊 林虹 摄

馆内，镇馆石“走向世界”赫然屹立眼前，与“石皇”遥遥相望。像这样石形奇特、质地各异的大型奇石，奇石馆一楼共 17 块，每块石头都有独特的寓意和曲折的故事。大化人民用多重视角欣赏这些石头，凭借独特的感受，赋予它们不同的内涵。“醒狮”“麒麟”类奇石，棱角丰富，石身多孔洞，色彩绚丽；“母爱”类奇石，石面细腻，有柔美的线条，颜色偏深沉，正如穿着传统服饰的瑶族母亲；“秋天的色彩”类奇石，诠释了大化石的色彩美，它没有复杂的形状，石身舒展，如一面镜子，将红水河千百年来的秋天，藏入其中。

奇石馆二楼包含石经阁、鉴石坊、奇石开采 VR 体验区、奇石指数交易区、大化彩玉石展和奇石文化长廊。展示区有 300 多块中小型的大化彩玉石。

关于大化奇石及其故乡红水河，民间有流传已久的古老传说。据说，红水河的名字来源于“黄道射日”，而黄道射下的太阳，鲜血化作红水河，碎片形成了大化彩玉石。

而在现实生活中，红水河是奇石与大化人民共同的母亲河。陆续修建的大化水电站和岩滩水电站，驯服了红水河。如今，红水河上游船往来，游人如织。当地人始终在熙熙攘攘的人群中有着独特的气质，那是大化石不急不躁，屹然如石的气质，也是大化自然、大化生命的润物无声气质。

虽然大化的奇石开采与交易，起源于上个世纪八十年代末，兴盛了十余年，如今已日渐衰落，但大化人民和奇石之间的情感，无论是源于古老传说，还是红水河孕育出来的大化石气质，都将与红水河一脉相承，还会延续许久。

从奇石馆出来时，一轮皓月当空，岩滩水电站的堤岸廊桥上，人们在散步闲谈，孩子们在嬉闹玩耍。漫步蜿蜒的夜色廊桥，看到当地的人们在月下山水画卷中怡然自得。

千山万弄、青山绿水，无论时代如何变迁，壮乡瑶寨的儿女始终将山与水连在一起，也与山水连在一起。

（文字撰写：李蓓佳）

后　记

影像志作为记录历史、呈现现实的媒介，目的是搜寻历史记忆，捕捉时代氛围，呈现人们的生活状态，通过“我们的印象”为读者提供直观的文本资料。

每一片土地都有其独特的故事和记忆。河池位于广西壮族自治区西北部，地处云贵高原东南边缘。这片古老而又充满活力的土地，以其丰富的自然景观、深厚的文化底蕴和独特的民族风情，成为中国南方的一颗璀璨明珠。

河池山水环绕，风光秀丽。从碧绿清澈的江河，到奇峰异起的山林；从青山环绕的乡村，到翠竹农舍的田园；从洼深坡陡的喀斯特地貌，到鬼斧神工的地下溶洞。河池的自然景观如同一幅幅生动的画卷，让人心旷神怡。

河池不惟自然风光秀美，更是历史文化的富矿。这里先秦时属百越之地，秦统一六国，为桂林郡所辖。自汉而下，岁月流转，沧桑变化，承载着中华民族共同体的形成印记。这里更是广西农民运动的发祥地，流淌着革命老区的红色记忆。

百代而下，岁月凝炼，这里各民族繁衍生息，交融共生，共同创造了丰富多彩的文化河池，形成了独特的民族风情；这里民族多元、文化多样、人杰地灵，蕴含着中华文化的重要元素，年复一年地丰富着中华文化的内涵。

河池儿女见证着河池社会的发展和变迁。在过去的一年，我们通过对不同县区、不同民族的风土人情的体验、考察、实践，用镜头说话，用文字抒情，试图呈现更为立体、直观的河池，帮助更多的人了解和欣赏不同的文化，增进不同文化背景群体之间的相互尊重和交流。作为记录者，我们跨越时间和空间，连接过去与未来，联系个人与社会。影像和文字记录既可以保存那些可能因为时间流逝而消失的建筑、习俗、艺术，又可以启发人们对社会、历史和文化进行深入思考，还可以提升河池的知名度和美誉度。因为河池影像本质上是河池人的形象呈现，是时代群体的文本投射。

《河池影像志》由歌海宜州、金城江畔、三尖罗城、多彩环江、风情南丹、碧玉天峨、红色东兰、长寿巴马、声鸣凤山、秘境都安、天弄大化等十一部分组成。书中的影像，从田间地头到车水马龙，从三姐歌谣到文脉赓续，从奇山异水到长寿文化，从非遗保护到产业振兴，从红色记忆到今日生活，图像和文字展示了这里的山水自然、历史人文、现实生活、社会发展。这些图片和文字不仅记录了民族文化的外在形式，更深入地揭示了民族的精神内涵，让读者能够直观地感受到中华民族共同体的铸就过程，也能积极引导人们更进一步铸牢中华民族共同体意识。

《河池影像志》的编写，是河池学院文学与传媒学院师生教学成果的一次检验。习近平总书记要求科研工作者把论文写在祖国大地上，作为地方性高校的师生，我们更需秉持胸怀祖国、服务地方的优秀品质，不仅仅把论文写在祖国大地上，更需要在祖国大地上实践我们的教学成果，为地方发展建设服务，为学校学科建设赋能。

《河池影像志》的出版，是部校共建新闻学院的成果结晶。近年来，广西壮族自治区党委宣传部、河池市委宣传部、河池学院共建新闻系，在顶层设计上，我们坚持马克思主义新闻观的思想指导，在共建过程中，我们坚持理论为经、实践为纬，织锦绣缎，相错成文，讲好地方故事，塑造区域形象。

《河池影像志》的出版，是河池学院师生对河池历史与现实的一次温情记录，也是对这片土地及其人民的一次深情致敬。我们相信，通过大家的共同努力，河池的明天一定会更加美好。

《河池影像志》编委会